KB263315

달마대사어록

도서출판 좋은인연

「達摩大師語錄」을 내면서

達摩大師에 대한 資料는 거의 없다.

입에서 입으로 전해온 傳說的인 行狀을 통해서 스님께서 왜 東쪽으로 오셨는가를 推論할 뿐이다.

어쩌면 "如何是 祖師 西來意"의 話頭에서 처럼 스님을 안다는 것은 永遠히 未知數인지 모른다.

여기 紹介되고 있는 三篇의 말씀들도 스님의 親說인가 하는 點에 疑問을 提起하는 사람들도 없지 않다.

그러나 重要한 事實은 歷代의 善知識들이 스님의 말씀으로 受容해 왔다는 것이다.

눈 밝은 사람의 窮究있기를 바랄 뿐이다.

아무튼 이 冊이 讀者諸賢의 修行에 조금이나마 參考되기를…….

無一 우학 合掌

目次

血脈論 (혈맥론)

觀心論 (관심론)

目次

目次

目次

血脈論

혈 맥 론

心外無佛性
심 외 무 불 성

三界混起나 同歸一心이니 前佛後佛이 以心傳心하사
삼 계 혼 기　동 귀 일 심　전 불 후 불　이 심 전 심

不立文字하시니라
불 립 문 자

問曰 若不立文字인댄 以何로 爲心이니꼬
문 왈 약 불 립 문 자　이 하　위 심

答曰 汝問吾가 卽是汝心이요 吾答汝가 卽是吾心이니
답 왈 여 문 오　즉 시 여 심　오 답 여　즉 시 오 심

從無始曠大劫以來로 乃至施爲運動하난 一切時中과
종 무 시 광 대 겁 이 래　내 지 시 위 운 동　일 체 시 중

마음 밖에는 불성(佛性)이 없다.

　"삼계(욕계, 색계, 무색계)가 혼돈으로 일어나나 모두가 한마음으로 돌아가느니라. 앞서 깨달은 부처님이나 뒤에 깨달은 부처님이 서로 마음으로써 마음을 전하시니 본 바탕자리(궁극의 실체)는 언어나 문자로 표현하지 못하느니라." 하시니, 여쭙기를 "본 바탕자리는 표현할 수도 없고 어떤 개념으로도 규정지을 수 없어 따로 언어나 문자를 빌지 않는다면 무엇으로 마음을 삼습니까?" 하므로 이렇게 대답하셨다.

　"그대가 나에게 묻는 것이 곧 그대의 마음이요, 내가 그대에게 대답하는 것이 곧 나의 마음이니라. 아득히 먼 옛날부터 분별하고 움직이던 모든 때와

一切處所가 皆是汝의 本心이며 皆是汝의 本佛이니
일체처소   개시여   본심   개시여   본불

卽心卽佛도 亦復如是하니라 除此心外에는 終無別佛
즉심즉불   역부여시   제차심외   종무별불

可得이니 離此心外에 覓佛菩提涅槃이 無有是處니라
가득   이차심외   멱불보리열반   무유시처

自性은 眞實하야 非因非果며 法卽是心義라 自心이
자성   진실   비인비과   법즉시심의   자심

是佛이며 自心이 是圓明寂照니라 若言心外에 有佛及
시불   자심   시원명적조   약언심외   유불급

菩提 可得인댄 無有是處니라 佛及菩提 皆在何處오
보리 가득   무유시처   불급보리 개재하처

譬如有人이 以手로 捉虛空得否아 虛空은 但有名이요
비여유인   이수   착허공득부   허공   단유명

모든 장소가 모두 그대의 본심이며 그대 속의 본래 부처이
니라. 마음이 곧 부처라 하는 것이 이와 같은 것이니라.

　이 마음을 떠나서는 따로 부처를 찾을 수 없으니 이 마음
을 떠나서 깨달음과 열반을 구하는 것은 옳지 않느니라.

　본래 갖추고 있는 자기의 본성은 진실하여 어떤 원인이
있은 것도 아니고 어떤 결과인 것도 아니니라.

　법(있는 그대로의 모습)이 곧 마음이라는 뜻이니라.

　자기의 마음이 부처며 자기의 마음이 뚜렷이 밝고 고요
히 비치는 열반이니라.

　그러므로 마음 바깥에서 부처와 깨달음을 얻을 수 있다
고 하는 것은 옳지 못한 것이니라.

　부처와 깨달음이 모두 어디에 있느냐?

　사람이 손으로 허공을 잡을 수가 있겠느냐?

　허공이란 이름일 뿐이고

亦無相貌니 取不得捨不得이라
역 무 상 모　　취 불 득 사 불 득

是捉空不得인달하야 除此心外에 覓佛은 終不可得也니라
시 착 공 불 득　　　　제 차 심 외　 멱 불　 종 불 가 득 야

佛是自心作得이어니 因何離此心外에 覓佛이리요 前佛
불 시 자 심 작 득　　　인 하 이 차 심 외　 멱 불　　　전 불

後佛이 只言其心하시니 心卽是佛이요 佛卽是心이라 心
후 불　 지 언 기 심　　　심 즉 시 불　　불 즉 시 심　　심

外에 無佛하고 佛外에 無心이니라 若言心外에 有佛인댄
외　 무 불　　불 외　 무 심　　　약 언 심 외　 유 불

佛在何處오 心外에 旣無佛인댄 何起佛見이리요 遞相誑
불 재 하 처　 심 외　 기 무 불　　하 기 불 견　　　체 상 광

惑하야 不能了本心하고 被他無情物攝하야 無自由로다
혹　　불 능 요 본 심　　　피 타 무 정 물 섭　　무 자 유

모양이 없는 것이니 가질 수도 없고 버릴 수도 없는 것이
니라.

　이렇게 허공을 잡을 수가 없듯이 이 마음을 떠나서 부처
를 찾는 것은 불가능한 것이니라.

　부처란 자기마음으로 지어서 이루는 것인데 어찌 마음
을 떠나서 부처를 찾을 수 있겠느냐.

　앞서 깨달은 부처님과 뒤에 깨달은 부처님이 그 마음만
을 말씀하셨으니 마음이 곧 부처고 부처가 곧 마음이니라.

　마음밖에는 부처가 없고 부처밖에는 마음이 없느니라.

　만약 마음밖에 부처가 있다면 부처가 어디에 있느냐?

　마음밖에는 부처가 있을 수 없는데 어찌하여 마음바깥
에 부처가 있다는 견해를 일으키며 서로 속여서 본심을 알
지 못하고 저 무정물(無情物, 불상)에 얽매여 자유롭지를
못하느냐?

若也不信인댄 自誑無益이니라
약야불신　　　자광무익

佛無過患이언만 衆生이 顚倒하야 不覺不知自心是佛이니라
불무과환　　　중생　　전도　　불각부지자심시불

若知自心是佛인댄 不應心外에 覓佛이어다 佛不度佛이니
약지자심시불　　　불응심외　멱불　　　불부도불

將心覓佛하면 不識佛이라 但是外佛者니 盡是不識自心
장심멱불　　불식불　　단시외불자　진시불식자심

是佛이니라 亦不得將佛禮佛하며 又不得將心念佛이어다
시불　　　역불득장불예불　　우불득장심염불

佛不誦經하며 佛不持戒하며 佛不犯戒하며 佛無持犯하며
불부송경　　불부지계　　불부범계　　불무지범

亦不造善惡이니라
역불조선악

　만약 믿지 못한다면 스스로를 속이는 것이니 아무 이익
이 없으리라.

　부처는 허물이나 근심이 없는데 중생들이 사리에 어두
워 자기의 마음이 부처인줄을 깨닫지도 못하고 알지도 못
하는구나. 자기의 마음이 곧 부처인줄을 안다면 마땅히 마
음 밖에서 부처를 찾지 말지니라.

　부처가 부처를 제도 할 수 없으니 마음을 가지고 부처를
찾으면 부처를 알아보지 못하리라. 바깥에 있는 부처만 부
처라 하는 것은 모두 자기의 마음이 부처라는 것을 모르기
때문이니라. 부처를 가지고 부처에게 예배하지 말고 마음
을 가지고 부처를 염(念)하지 말아라.

　부처는 경을 읽지도 않고, 계율을 지니지도 않으며, 계
율을 범하지도 않으며, 지키는 것도 없으며, 범하는 것도
없으며, 선을 짓지도 않고 악을 짓지도 않느니라.

若欲覓佛인댄 須是見性이라사 卽是 佛이요
약 욕 멱 불　　　수 시 견 성　　　즉 시 불

若不見性이면 念佛誦經持齋持戒하야도 亦無益處니라
약 불 견 성　　　염 불 송 경 지 재 지 계　　　역 무 익 처

念佛은 得因果하고 誦經은 得聰明하고 持戒는
염 불　　　득 인 과　　　송 경　　　득 총 명　　　지 계

得生天하고 布施는 得福報이니와 覓佛은 終不可得也니라
득 생 천　　　보 시　　　득 복 보　　　멱 불　　　종 불 가 득 야

若自己를 不明了어든 須參善知識하야 了劫生死根本이어다
약 자 기　　　불 명 료　　　수 참 선 지 식　　　요 겁 생 사 근 본

若不見性이면 卽不名善知識이니 縱說得十二部經하야도
약 불 견 성　　　즉 불 명 선 지 식　　　종 설 득 십 이 부 경

亦不免生死하야 輪廻三界受苦하야 無有出期時하리라
역 불 면 생 사　　　윤 회 삼 계 수 고　　　무 유 출 기 시

　부처를 찾고 싶으면 반드시 성품을 보아야 하느니라.
그것이 바로 부처이니라.

　성품을 보지 못한다면 염불을 하거나 경을 읽거나 재
(齋)를 지키거나 계율을 지키더라도 아무런 이익이 없느
니라. 염불을 하면 왕생의 인과를 얻고, 경을 읽으면 총명
해지고, 계율을 지키면 천상에 태어나고, 보시를 하면 복
스런 과보를 받겠지만 부처는 끝내 찾을 수 없느니라.

　만약 자기를 분명히 알지 못하겠으면 선지식(善知識)을
찾아가 오랜 세월동안 나고 죽은 그 근본을 깨달아야 하느
니라.

　자기의 본성을 보지 못하면 선지식이라 할 수 없으니 설
사 12부경을 설한다 하더라도 생사(윤회:나고 죽음이 번
갈아 끊임이 없는 미혹의 세계)를 벗어나지 못하며 삼계를
윤회하며 고통을 받느라 벗어날 기약이 없으리라.

昔_에 有善性_이 誦得十二部經_{하야} 猶自不免輪廻_는
석 유선성 송득십이부경 유자불면윤회

只爲不見性_{일새니라} 善性_도 旣如此_온 今時人_이 誦得
지위불견성 선성 기여차 금시인 송득

三五本經論_{하고} 以爲佛法者_는 愚人也_{로다} 若不識得
삼오본경론 이위불법자 우인야 약불식득

自心_{이면} 誦得閒文書_{하야도} 都無用處_{니라} 若要覓佛_{인댄}
자심 송득한문서 도무용처 약요멱불

直須見性_{이니} 性卽是佛_{이라} 佛卽是自在人_{이며} 無事無
직수견성 성즉시불 불즉시자재인 무사무

作人_{이니라} 若不見性_{이면} 終日茫茫_{하야} 向外馳求_{할새}
작인 약불견성 종일망망 향외치구

覓佛_{하야도} 元來不得_{이니라}
멱불 원래불득

옛날에 선성이라는 이가 12부경을 모두 외웠지만 여전히 윤회를 면하지 못하였다 하는데

이것은 자기의 본성을 보지 못하였기 때문이니라.

선성도 그러하였는데 요즘 사람들은 서너 권의 경론을 외우고서 불법을 깨달았다하니 어리석은 사람들이로다.

자기의 마음을 알지 못하면 부질없는 글이나 책을 읽더라도 아무 쓸모가 없느니라.

부처를 찾으려 하면 단지 견성(見性 : 자기의 본성을 보는 것)뿐이니라. 자성(본성, 불성)이 바로 부처이니라.

부처란 자유자재한 사람이며, 본래 갖추고 있는지라 쓸데없이 밖으로 구하려하지 않는 사람이며, 인위적으로 만들어지지 않는 사람이니라.

자성을 보지 못하면 아무리 바쁘게 밖으로 구하며 부처를 찾아도 원래 찾을 수 없는 것이니라.

雖無一物可得이나 若未會인댄 亦須參善知識하야 切須
수 무 일 물 가 득   약 미 회   역 수 참 선 지 식   절 수

苦求하야 令心會解어다 生死事大하니 不得空過어다 自
고 구   영 심 회 해   생 사 사 대   불 득 공 과   자

誑無益이니라 縱有珍寶 如山하고 眷屬이 如恒河沙라도
광 무 익   종 유 진 보 여 산   권 속   여 항 하 사

開眼에 卽見이어니와 合眼에 還見麼아 故知有爲之法이
개 안   즉 견   합 안   환 견 마   고 지 유 위 지 법

如夢幻等이로다 若不急尋師면 空過一生하리라 然則佛
여 몽 환 등   약 불 급 심 사   공 과 일 생   연 즉 불

性이 自有나 若不因師면 終不明了니 不因師悟者는 萬
성   자 유   약 불 인 사   종 불 명 료   불 인 사 오 자   만

中希有니라 若自己가 以緣會合하야 得聖人意者는
중 희 유   약 자 기   이 연 회 합   득 성 인 의 자

　비록 한 물건도 얻을 것이 없다고 말하지만 알지 못하면
선지식을 찾아가 간절히 구하여 마음을 알도록 할지니라.
　나고 죽으며 생사를 벗어나지 못하는 일이 매우 큰일이
니 헛되이 보내지 말아라.
　스스로를 속여서는 이익이 없느니라.
　가령 진귀한 보물이 산더미같이 쌓여있고 따르는 권속
이 항하의 모래 수 같이 많다 하더라도 눈을 뜨고 있으면
보이겠지만 눈을 감고 있는데도 보이겠느냐?
　그러므로 중생놀음의 유위법은 꿈이나 허깨비 같은 것
임을 알아라. 서둘러 스승을 찾지 않으면 한평생을 헛되이
보내게 되느니라. 불성은 스스로 갖추고 있는 것인데도 스
승이 없으면 깨닫기 어려운 것이라 스승없이 깨달은 사람
은 매우 드무니라.
　만약 자기가 인연법으로써 깨달아 성인의 뜻을 얻었다면

선지식을 찾아갈 필요가 없는데 이런 사람은 태어날 때부터 뛰어난 경지에 있었던 사람이니라. 만약 깨닫지 못하였을 때는 부지런히 배우고 열심히 수행하여야 하느니라. 왜냐하면 가르침을 받아야 비로소 깨달을 수 있기 때문이니라.

스스로 분명히 깨달았다면 배우거나 얻을 것이 없으므로 미혹한 이와는 다르겠지만 흑백도 가릴 줄 모르면서 부처님의 가르침을 편다고 망언을 한다면 부처님을 비방하는 허망한 짓이니 이런 무리는 아무리 많은 설법을 하더라도 모두 마구니의 소리이지 부처님의 말씀이 아니니라.

스승이 악마의 왕이고 제자가 악마의 백성들인데 어리석은 사람들은 그들이 시키는대로 하느라 생사의 바다에 빠지는 줄을 알지 못하는구나.

자기의 본성도 보지 못한 이가 망녕되이 스스로를 부처라 말하지만

此等衆生은 是大罪人이라 誑他一切衆生하야 令入魔界니라
차등중생 시대죄인 광타일체중생 영입마계

若不見性이면 說得十二部經教하야도 盡是魔說이며 魔家
약불견성 설득십이부경교 진시마설 마가

眷屬이라 不是佛家弟子니라 既不辨皁白이어 憑何免生
권속 불시불가제자 기불변조백 빙하면생

死리요 若見性이면 即是佛이요 不見性이면 即是衆生이니라
사 약견성 즉시불 불견성 즉시중생

若離衆生性하고 別有佛性可得者인댄 佛이 今在何處오
약이중생성 별유불성가득자 불 금재하처

即衆生性이 即是佛性也니라 性外에 無佛이라 佛則是性이니
즉중생성 즉시불성야 성외 무불 불즉시성

除此性外에는 無佛可得이요 佛外에는 無性可得이니라
제차성외 무불가득 불외 무성가득

이런 중생들은 일체 중생을 속여 악마의 세계로 들어가게
하는 큰 죄인이니라.

　성품을 보지 못하면 12부경의 가르침을 설하여도 모두
악마의 소리이고 악마의 권속이지 부처님의 제자는 아니
니라.

　흑백도 가릴 줄 모르면서 무엇에 의지하여 생사를 면하
겠느냐.

　자성을 보면 부처이고 자성을 보지 못하면 중생이니라.

　중생의 성품을 떠나서 따로 부처의 성품을 얻을 수 있다
고 말한다면 부처는 지금 어디에 있느냐?

　중생의 성품이 곧 부처의 성품이니라.

　성품을 떠나서는 부처가 없느니라.

　부처가 곧 성품이니 이 성품을 떠나서는 부처가 될 수 없
고 부처를 떠나서는 성품을 얻을 수 없느니라."

迷心萬行未免輪廻
미 심 만 행 미 면 윤 회

問曰 若不見性이라도 念佛誦經布施持戒精進하야 廣
문왈 약불견성 염불송경보시지계정진 광

興福利하면 得成佛否아 答曰 不得이니라
흥복리 득성불부 답왈 부득

又問曰 因何不得이니꼬 答曰 有少可得法이면 是有
우문왈 인하불득 답왈 유소가득법 시유

爲法이며 是 因果며 是 受報며 是 輪廻法이라 不免生
위법 시 인과 시 수보 시 윤회법 불면생

死어니 何時에 得成佛道리요
사 하시 득성불도

미혹한 마음으로는 온갖 수행을 하여도 윤회를 면하지 못한다.

여쭙기를,

"본래부터 있는 자기의 본성을 보지 못하더라도 염불을
하고 경을 읽고 보시를 하고 계율을 지키고 부지런히 정진
을 하여 널리 복을 닦으면 부처가 될 수 있지 않겠습니
까?" 하니

"될 수 없느니라." 하셨다.

"어찌하여 될 수 없습니까?" 하니 다시 말씀하셨다.

"조그마한 것이라도 얻을 것이 있다면 중생심이 부리는
유위법이며 인과의 법이며 과보를 받는 법이며 윤회를 하
는 법이라 생사를 면하지 못하는데 어느 때에 부처가 되겠
느냐?

成佛은 須是見性이니 若不見性이면 因果等語가 是外
道法이니라 若是佛인댄 不習外道法이니라
佛是無業人이며 無因果니 但有少法可得이면 盡是謗
佛이라 憑何得成이리요 但有住着一心一能一解一見이면
佛이 都不許시니라 佛無持犯이라 心性이 本空이요 亦
非垢淨諸法이라 無修無證이오 無因無果니라 佛不持
戒하며 佛不犯戒하며 佛不修善하며 佛不造惡하며

　부처가 되려면 마땅히 자기에게 본래 갖추어져 있는 자기의 본성을 보아야 하는데 본성을 보지 못하면 인과(因果) 등의 말이 모두 외도의 법이니라.
　만약 부처라면 외도의 법을 익히지 않느니라.
　부처는 업(業)을 갖지 않는 사람이며 인과가 없는 사람이니 조그마한 것이라도 얻을 것이 있다하면 모두 부처를 비방하는 짓이니 어디에 의지하여 부처가 되겠느냐.
　한 마음이나 한 작용이나 한 생각이나 한 소견에라도 집착을 하면 부처가 될 수 없느니라.
　부처란 지키는 것도 없고, 범하는 것도 없으며 심성이 본래 공(空)하여 더럽거나 깨끗한 것이 아니므로 닦을 것도 없고 깨달을 것도 없으며 원인도 없고 결과도 없느니라.
　부처는 계율을 지니지도 아니하고, 범하지도 아니하며, 선을 닦지도 않고, 악을 짓지도 아니하며,

佛不精進하며 佛不懈怠하나니 佛是無作人이라 但有住
불 부 정 진　　　　불 부 해 태　　　　불 시 무 작 인　　　　단 유 주

着心見하면 佛이 卽不許也시니라
착 심 견　　　불　　즉 불 허 야

佛不是佛이니 莫作佛解어다 若不見此義하면 一切時
불 부 시 불　　　막 작 불 해　　　약 불 견 차 의　　　일 체 시

中과 一切處所에 皆是不了本心이니라 若不見性하고
중　　일 체 처 소　　개 시 불 료 본 심　　　약 불 견 성

一切時中에 擬作無作想인댄 是 大罪人이며 是 癡人이라
일 체 시 중　　의 작 무 작 상　　시 대 죄 인　　　시 치 인

落無記空中하야 昏昏如醉人하야 不辨好惡하리라 若擬
낙 무 기 공 중　　　혼 혼 여 취 인　　　불 변 호 악　　　약 의

修無作法인댄 先須見性然後에 息慮緣이니
수 무 작 법　　　선 수 견 성 연 후　　식 려 연

정진을 하지도 아니하며, 게으르지도 않으니, 인위적으로
만들어지지 않는 것이니라. 무엇에라도 집착하는 마음이
있으면 부처라 할 수 없느니라.

　부처라 하면 부처가 아니니 부처라는 견해를 가지지 말
지니라.

　이 뜻을 알지 못하면 언제 어디서나 본심을 알 수가 없느
니라.

　자기의 본성을 보지 못하고 언제나 인위적으로 만들어
지지 않는다는 생각만 하고 있으면 큰 죄인이고 어리석은
사람이라서 무기공(無記空)에 빠지며 술취한 사람처럼 캄
캄하여서 좋고 나쁨을 가리지 못하리라.

　만약 무작(무위)의 법을 닦으려 하면 먼저 자기의 본성
을 본 후에 어떤 대상에 대해 일어나는 마음을 쉬어야 하
느니라.

若不見性코 得性佛道 無有是處니라
약 불 견 성　　득 성 불 도 무 유 시 처

有人이 撥無因果하야 熾然作惡業호대 妄言本空하야
유 인　　발 무 인 과　　치 연 작 악 업　　망 언 본 공

作惡無過라하나니 如此之人은 墮無間黑暗地獄하야 永
작 악 무 과　　　　여 차 지 인　　타 무 간 흑 암 지 옥　　영

無出期하리니 若是智人인댄 不應如是見解니라
무 출 기　　　약 시 지 인　　불 응 여 시 견 해

問曰 旣若施爲運動一切時中에 皆是本心인댄 色身
문 왈　기 약 시 위 운 동 일 체 시 중　　개 시 본 심　　색 신

無常之時에는 何不見本心고 答曰 本心이 常現前호대
무 상 지 시　　하 불 견 본 심　　답 왈 본 심　　상 현 전

汝自不見이로다
여 자 불 견

　본성을 보지 못하고 불도를 이룬다는 것은 옳지 못한 생각이니라.

　어떤 사람이 인과가 없다고 생각하고 온갖 나쁜 짓을 저지르며 '본래 공(空)한 것이어서 나쁜 짓을 해도 허물이 있을 수 없다'고 망언을 하면 이 사람은 무간 지옥이나 흑암 지옥에 떨어져 영원히 벗어날 기약이 없느니라.

　그러므로 지혜로운 사람이라면 이런 생각을 하지 않느니라."

　또 여쭙기를

　"그렇다면 분별하고 움직이는 모든 것이 본심일 것인데 육신이 죽을 때에는 어찌하여 본심이 보이지 않습니까?" 하니

　"본심이 항상 눈앞에 나타나 있는데 그대 스스로 보지를 못할 뿐이니라." 하셨다.

問曰 心既現在인댄 何故로 不見고 師云 汝曾作夢否아
문왈 심기현재 하고 불견 사운 여증작몽부

答曰 曾作夢이니다 問曰 汝作夢之時에 是汝本身否아
답왈 증작몽 문왈 여작몽지시 시여본신부

答曰 是本身이니다 又問曰 汝言語施爲運動이 以汝로
답왈 시본신 우문왈 여언어시위운동 이여

別가 不別가 答曰 不別이니다 師曰 旣若不別인댄 卽此
별 불별 답왈 불별 사왈 기약불별 즉차

身이 是汝의 本法身이며 卽此法身이 是汝의 本心이니라
신 시여 본법신 즉차법신 시여 본심

此心이 從無始曠大劫來로 與如今不別하야 未曾有生死라
차심 종무시광대겁래 여여금불별 미증유생사

不生不滅하며 不增不減하며 不垢不淨하며 不好不惡하며
불생불멸 부증불감 불구부정 불호불악

"본심이 앞에 있다면 어찌하여 보지를 못합니까?" 하니

"그대는 꿈을 꾼 적이 있느냐?" 하셨다.

"예, 있습니다." 하니

"꿈을 꿀 때의 그대는 본래의 몸이었더냐?"고 물으셨다.

"예, 본래의 몸이었습니다." 하니 다시 물으시기를,

"그대가 말하고 생각하고 움직였을텐데 그대와 다르던가, 다르지 않던가?" 하셨다.

"다르지 않았습니다." 하니

"다르지 않았다면, 그 몸이 곧 그대의 본래 법신이며 그 법신이 그대의 본심이니라.

그 마음은 아득한 옛날부터 지금과 조금도 다른 적이 없으며, 생사가 없어서 태어나거나 없어진 적이 없으며, 늘어나거나 줄어든 적이 없으며, 더럽거나 깨끗한 적이 없으며, 좋거나 나쁜 적이 없으며,

不去不來하며 亦無是하며 亦無男女相하며 亦無僧俗
불거불래   역무시   역무남녀상   역무승속

老少하며 無聖無凡하며 亦無佛亦無衆生하며 亦無修
노소   무성무범   역무불역무중생   역무수

證하며 亦無因果하며 亦無筋力하며 亦無相貌호미 猶如
증   역무인과   역무근력   역무상모   유여

虛空하야 取不得捨不得이니라 山河石壁이 不能爲礙하야
허공   취부득사부득   산하석벽   불능위애

出沒往來에 自在神通이라 透五蘊山하며 渡生死海하나니
출몰왕래   자재신통   투오온산   도생사해

一切業이 拘此法身不得이니라
일체업   구차법신부득

此心은 微妙難見이라 此心은 不同色相이니
차심   미묘난견   차심   부동색상

가거나 온 적이 없으며, 옳거나 그른 적이 없으며, 남자의
모습이나 여자의 모습도 아니며, 스님이나 속인이나 늙은
이나 젊은이의 모습도 아니며, 성인도 아니고 범부도 아니
며, 부처도 아니고 중생도 아니며,

닦을 것도 없고 깨달을 것도 없으며, 원인이 있은 것도 아
니고 어떤 결과인 것도 아니며, 힘이 있는 것도 아니고 모
양이 있는 것도 아니며,

허공과 같아서 취할 수도 없고 버릴 수도 없는 것이지만,
산이나 강이나 절벽이라도 걸림이 될 수가 없어 나고 들고
가고 옴이 자유롭고 신통한 것이니라.

　오온의 산을 벗어나 생사의 바다를 건너리니 온갖 업
(業)이 이 법신을 구속하지 못하느니라.

　이 마음은 미묘하여 보기 어려우니라. 이 마음은 밖으로
드러나 볼 수 있는 모습이 아니니라.

此心이 是 佛이니라 人皆欲得見이어니와 於此光明中에
차 심　시 불　　　　인 개 욕 득 견　　　　　어 차 광 명 중

運手動足者 如恒河沙로대 及乎問着하야는 摠道不得이
운 수 동 족 자 여 항 하 사　　급 호 문 착　　　총 도 불 득

猶如木人相似하나니 摠是自己受用이어늘 因何不識고
유 여 목 인 상 사　　　총 시 자 기 수 용　　　인 하 불 식

佛言一切衆生이 盡是迷人이라 因此作業할새 墮生死
불 언 일 체 중 생　진 시 미 인　　인 차 작 업　　타 생 사

海하야 欲出還沒하나니 只爲不見性일새니라
해　　욕 출 환 몰　　　지 위 불 견 성

衆生이 若不迷인댄 因何問着하면 其中에 無有一人도
중 생　약 불 미　　인 하 문 착　　기 중　무 유 일 인

得會者오 自家運手動足을 因何不識고 故知하라
득 회 자　자 가 운 수 동 족　인 하 불 식　고 지

　이 마음이 곧 부처이니라.
　사람들은 모두 보려하면서, 이 광명 가운데서 수도 없이
손과 발을 움직이면서, 물어보면 전혀 알지를 못하니 허수
아비와 같구나. 모두 자기가 경험하고 활용하면서 어찌하
여 알지를 못하는가?
　부처님이 말씀하시길
　'중생들은 모두 미혹하여서 업을 지으므로 생사의 바다
에 빠지며, 나오려 하지만 도리어 빠지는데 그 이유는 성
품을 보지 못하기 때문이니라'
　하셨다.
　중생들이 어리석지 않다면 어찌하여 물어볼 때 한 사람
도 아는 이가 없는가? 자기의 손과 발을 움직이는 것을 어
찌하여 모르는가?
　그러므로 알지니라.

聖人語不錯_{이로되} 迷人_이 自不會_{로다} 故知_{하라} 此心_을
성인어불착　　　미인　　자불회　　고지　　차심

難明_{이니} 惟佛一人_{이라야} 能會此心_{하고} 其餘人天衆生
난명　　유불일인　　　能會此心　　기여인천중생

等_은 盡不明了_{하나니라}
등　진불명료

若 智慧_로 明了此心_{하면} 方名法性_{이며} 亦名解脫_{이니}
약 지혜　명료차심　　방명법성　　역명해탈

生死不拘_{하며} 一切法_이 拘他不得_{일새} 是名大自在王
생사불구　　일체법　구타불득　　시명대자재왕

佛_{이며} 亦名不思議_며 亦名聖體_며 亦名長生不死_며
불　　역명부사의　　역명성체　역명장생불사

亦名大仙_{이니라} 聖人_의 種種分別_이 皆不離自心_{하시니}
역명대선　　성인　종종분별　개불리자심

　　성인의 말씀은 틀리지 않는데 어리석은 사람이라서 알
지를 못하는 것이니라.
　　그러므로 알지니라.
　　이 마음을 밝히기가 어려워 부처님만이 이 마음을 아시
고 그 밖의 사람이나 하늘의 중생들은 분명히 알지를 못하
는 것이니라.
　　만일 지혜로 이 마음을 분명히 깨달으면 비로소 법성(진
여)이라 하고, 해탈이라 하니,
　　생과 사에 거리낄 것이 없고, 일체 법에 걸림이 없으니
대자재왕불이라 하며, 부사의(불가사의, 깨달음, 무심)라
하며, 성스러운 것이라 하며, 장생불사(長生不死)라 하며
대선(부처님)이라 하느니라.
　　성인들의 갖가지 분별은 모두 자기의 마음을 떠난 것이
아니니라.

心量이 廣大하야 應用無窮이라 應眼見色하며 應耳聞
聲하며 應鼻嗅香하며 應舌知味하며 乃至施爲運動이
皆是自心이며 一切時中에 言語道斷하며 心行處滅이니
是 自心이니라 故로 云하사대 佛의 色이 無盡하며 智慧도
亦復然이라하시니 色無盡이 是 自心이라 心識이 善能分
別一切하며 乃至施爲運用이 皆是智慧이니 心無形相일새
智慧도 亦無盡하니라 故로 佛의 色이 無盡하고 智慧도

　마음의 크기는 엄청난 것이라 응용(온갖 미묘한 작용)
은 끝이 있을 수 없느니라.
　눈으로 사물을 보고, 귀로 소리를 들으며, 코로 냄새를
맡으며, 혀로 맛을 알며, 생각으로 분별하며, 움직이는 모
든 것들이 곧 마음이니라.
　언제든지 말이나 문자를 초월하며 사상이나 개념으로
취해질 수 없는 이것이 곧 자기의 마음이니라.
　그러므로 말씀하시길 '부처의 모습은 없어지지 않으며
지혜도 역시 그러하다' 하신 것이니라.
　모습이 없어지지 않는다는 것, 이것이 자기의 마음이니
라. 심식(마음, 인식)이 온갖 것을 잘 분별하는데 온갖 분
별과 움직임이 모두 지혜로 비롯되니 마음은 형상이 없고
지혜도 없어지지 않느니라.
　그러므로 '부처님의 모습은 없어지지 않고 지혜 역시 그

亦復然이라하니 四大色身은 卽是煩惱身이라
역 부 연　　　　사 대 색 신　　즉 시 번 뇌 신

卽有生滅이어니와 法身은 常住而無所住라 如來法身이
즉 유 생 멸　　　　법 신　　상 주 이 무 소 주　　여 래 법 신

常不變異니라 故로 經에 云하사대 衆生이 應知佛性本有
상 불 변 이　　고　경　　운　　　중 생　　응 지 불 성 본 유

之身이라하시니 迦葉은 只是悟得本性하시고 更無他事로다
지 신　　　　가 섭　　지 시 오 득 본 성　　　갱 무 타 사

本性이 卽是心이요 心卽是性이니 此卽諸佛心이라 前佛
본 성　즉 시 심　　심 즉 시 성　　차 즉 제 불 심　　전 불

後佛이 只傳此心이시니 除此心外에 無佛可得이니라
후 불　지 전 차 심　　　제 차 심 외　　무 불 가 득

顚倒衆生이 不知自心是佛하고 向外馳求호대
전 도 중 생　　불 지 자 심 시 불　　향 외 치 구

러하다'고 하신 것이니라. 지(地)·수(水)·화(火)·풍
(風)으로 이루어진 육신은 곧 번뇌의 몸인지라 나고 죽음
이 있지만 법신(법성신, 영원불변의 진실의 모습 그 자체)
은 항상 머무르되 머무르는 곳이 없느니라.

　여래의 법신은 상(常)이라 변하지 않으므로 경에서 말
씀하시길 '중생이 응당 불성이 있는 몸인 줄을 알아야 한
다'하신 것이니라.

　가섭은 본성을 깨달은 것이지 따로 무슨 일을 한 것이 아
니니라. 본성이 마음이고 마음이 곧 본성이니 이것이 곧
부처님들의 마음이니라.

　앞서 깨달은 부처님과 뒤에 깨달은 부처님이 오직 마음
으로 전하신 것이므로 마음을 떠나서 따로 부처를 이룰 수
없느니라. 도리에 어긋난 생각때문에 어리석은 중생은 자
기의 마음이 바로 부처인 줄을 모르고

終日忙忙하야 念佛禮佛하나니 佛在何處오 不應作如
종일망망　　　염불예불　　　불재하처　　　불응작여

是等見이어다 但識自心하면 心外에 更無佛이니라
시등견　　　단식자심　　　심외　　갱무불

經에 云하사대 凡所有相이 皆是虛妄이라하시고 又云하사대
경　　운　　　범소유상　개시허망　　　　우운

所在之處에 卽爲有佛이라하시니 自心이 是佛이라 不應將
소재지처　즉위유불　　　　　자심　시불　　불응장

佛禮佛이니라 但是有佛과 及菩薩相貌가 忽爾現前이어든
불예불　　　단시유불　급보살상모　　홀이현전

切不可禮敬이어다 我心이 空寂하야 本心如是相貌하니
절불가예경　　　아심　공적　　본심여시상모

若取相이면 卽是魔攝이라 盡落邪道하리라
약취상　　즉시마섭　　진락사도

밖으로만 구하느라 분주하게 염불하며 열심히 절하는데 부처가 어디에 있느냐? 이와 같은 견해를 내지 말지니라.

자기의 마음을 알기만 하면, 마음 밖에 따로 부처가 없느니라.

경에서 말씀하시길 '무릇 모양(형태, 생각)이 있는 것은 모두다 허망한 것이다' 하셨고 '존재하고 있는 곳이 곧 부처가 있는 곳이다' 하셨느니라.

자기의 마음이 부처이니 부처가 부처에게 절하지 말지니라.

헛되이 부처와 보살의 모습이 홀연히 나타나면 절대 예경하지 말지니라.

나의 마음은 공적(空寂)하며, 본심은 이와 같은 모습인데 만약 상(相)을 취하면 곧 마구니에 붙들리어 삿된 도에 떨어지게 되느니라.

若知幻從心起하면 即不用禮니라 禮者는 不知오 知者는
약 지 환 종 심 기　　즉 불 용 례　　예 자　불 지　지 자

不禮니 禮하면 被魔攝이니라 恐學人이 不知故로 作是
불 예　예　　　피 마 섭　　　공 학 인　불 지 고　작 시

辨하나니라 諸佛의 本性體上에는 都無如是相貌니 切須
변　　　제 불　본 성 체 상　　도 무 여 시 상 모　절 수

在意어다 但有異境界어든 切不用採括하며 亦莫生怕怖하며
재 의　단 유 이 경 계　절 불 용 채 괄　역 막 생 파 포

又不要疑惑이니라 我心이 本來淸淨이어니 何處에 有-
우 불 요 의 혹　아 심　본 래 청 정　하 처　유

如許相貌리요 乃至天龍夜叉鬼神帝釋梵王等이라도 亦
여 허 상 모　내 지 천 룡 야 차 귀 신 제 석 범 왕 등　역

不用生敬重하며 亦莫怕懼니라 我心이 本來空寂이라
불 용 생 경 중　역 막 파 구　아 심　본 래 공 적

　허깨비가 마음에서 일어난 줄 알면 절을 할 필요가 없느
니라.
　절을 하는 사람은 모르고 하는데 아는 사람은 절을 하지
않느니라.
　절을 하면 마구니에 붙들리는 것이니라.
　학인(學人)이 알지 못할까 염려되어 이렇게 풀이하노
라. 부처님들의 본성 위에는 이와 같은 모습이 있을 수 없
으니 반드시 명심할지니라.
　기이한 경계가 나타나거든 절대 붙들려 하거나 두려워
하거나 의심하지 말지니라.
　내 마음이 본래 청정한데 어디에 이런 모습이 있겠느냐!
　천인이나 용이나 야차나 귀신이나 제석천이나 범천왕에
게라도 공경할 생각을 내지 말고 두려워하지도 말아라.
　나의 마음이 본래 공(空)한지라

一切相貌가　皆是妄相이니　但莫取相이어다　若起佛見
法見커나　及佛菩薩等相에　而生敬重하면　自墮衆生位
中하리라　若欲眞會인댄　但莫取一切相이면　卽得이니　更
無別語니라　故고　經에　云하사대
凡所有相이　皆是虛妄이라하시니　都無定實하며　幻無定
相이라　是無常法이니　但不取相하면　合他聖意하리라
故로　經에　云하사대　離一切相하면　卽名諸佛이라하시니라

　　일체의 모습이 모두 허망하니 상(相)을 취하지 말지니라.
　　만약 부처라는 견해와 법이라는 견해를 내거나 부처나 보살 등의 모습에 공경하는 생각을 낸다면 스스로 중생의 위치에 떨어지게 되느니라.
　　진실을 알고자 하면 일체의 상을 취하지 말아야 알 수가 있느니라.
　　그 외에는 따로 할 말이 없으므로 경에서 말씀하시길 '범소유상 개시허망(凡所有相　皆是虛妄 : 무릇 형상이 있는 것은 모두가 허망하다)' 한 것이니라.
　　정해진 사실이 없으며 허깨비와 같은 것이라 일정한 모습이 없으므로 무상(無常)한 것이니 상(相)을 취하지 아니하면 거룩한 뜻에 부합하느니라.
　　그러므로 경에 말씀하시길 '온갖 형상을 여의면 곧 부처라 한다' 하신 것이니라."

明不敬所以
명 불 경 소 이

云何不得禮佛菩薩等이니꼬 答曰 天魔波旬과 阿修羅
운하불득예불보살등　　답왈　천마파순　아수라

等이 示現神通하야 皆作佛菩薩相貌호대 以能種種變
등　시현신통　개작불보살상모　이능종종변

化하나니 是外道라 摠不是佛이니라 佛是自心이라 莫錯禮
화　시외도　총불시불　불시자심　막착예

佛이니라 佛者는 是靈覺이니 應機接物하며 揚眉瞬目하며
불　불자　시영각　응기접물　양미순목

運手動足이 皆是自己靈覺之性이라 性卽是心이요
운수동족　개시자기영각지성　성즉시심

공경하지 말아야 하는 분명한 이유

　"어찌하여 부처님과 보살들에게 절을 하지 말라고 하십니까?"하니 대답을 하셨다.

　"하늘의 마구니인 파순과 아수라들이 신통력으로 부처님이나 보살의 모습으로 변화하여 나타났기 때문이다. 이것은 외도(外道)이지 절대 부처님이 아니다. 부처는 자기의 마음이니 부처에게 절하는 잘못을 저지르지 말아라.

　부처라는 것은 신령스럽고 미묘하고 불가사의한 지혜다. 사물(중생)을 대함에 있어서 상대에 맞게 올바르게 대응을 하며, 눈썹을 움직이고 눈을 깜박이는 등 지극히 단순한 움직임과 손발을 움직이는 것이 모두 자기의 신령스런 지혜의 성품이므로 성품이 곧 마음이며

心卽是佛이요 佛卽是道요 道卽是佛이니 佛之一字는
심 즉 시 불　　　불 즉 시 도　　　도 즉 시 불　　　불 지 일 자

非凡夫之所測이니라 又云 見本性이 爲佛이니 若不見
비 범 부 지 소 측　　　우 운 견 본 성　위 불　　약 불 견

本性이면 卽非佛也니라 假使說得千經萬論하야도 若不
본 성　　즉 비 불 야　　가 사 설 득 천 경 만 론　　약 불

見性이면 只是凡夫라 非是佛法이니라 至道는 幽深하야
견 성　　지 시 범 부　비 시 불 법　　지 도　유 심

不可話會니 敎典에 憑何所及이리요 但見本性하면 一
불 가 화 회　교 전　빙 하 소 급　　단 견 본 성　　일

字不識이라도 亦得이니라
자 불 식　　역 득

見性이 卽是佛어니 聖體本來淸淨하야 無有雜穢하니라
견 성　즉 시 불　　성 체 본 래 청 정　무 유 잡 예

마음이 곧 부처며 부처가 곧 도(道 : 깨달음의 길, 인간이
가야할 길)이며, 도가 곧 부처이니 부처라는 한 글자를 범
부로서는 헤아릴 수 있는 바가 아니니라.”

　하시며 다시 말씀하셨다.

　“본성을 보는 것을 부처라 하니, 본성을 보지 못하면 부
처가 아니니라.

　가사 천경만론(아주 많은 경론)을 설한다 해도 본성을
보지 못하면 범부일 뿐 부처의 모습이 아니니라.

　지극한 도는 깊고도 멀어서 말로도 이해할 수 없는데 경
전으로 어찌 미칠 수가 있겠느냐! 본성을 보기만 하면 일
자무식이라도 부처가 될 수 있느니라.

　자기의 본성을 보면 곧 부처이니라.

　성스러운 본체는 본래 청정하여 온갖 더러움이 없느니
라.

所有言說이 皆是聖人의 從心起用이니 用體本空하야
소유언설　개시성인　종심기용　용체본공

名言이 尙不及이온 十二部經이 憑何得及이리요 道本
명언　상불급　십이부경　빙하득급　도본

圓成이라 不用修證이며 道非聲色이라 微妙難見이니 如
원성　불용수증　도비성색　미묘난견　여

人이 飮水에 冷暖을 自知인달하니라
인　음수　냉난　자지

亦不可向人說也어다 唯有如來能知요 餘人天等類는
역불가향인설야　유유여래능지　여인천등류

都不覺知니라 凡夫는 智不及일새 所以로 執相이니라
도불각지　범부　지불급　소이　집상

不了自心이 本來空寂하고 妄執事相及一切法하면
불료자심　본래공적　망집사상급일체법

　온갖 말씀이 모두 이 성인의 마음에서 일어난 작용이니라. 작용의 실체는 본래 공(空)하여 명칭이나 말이 미칠 수 없는데 12부경이 어찌 미칠 수 있겠느냐.

　도(道)는 본래 완성되어 있는 것이라 닦을 것도 없고, 증득(경험, 깨달음)할 것도 없느니라.

　도(道)는 소리나 물질이 아니며, 미묘하고 보기 어려운 것이어서, 사람들이 물을 마셔보아야 차가운지 따뜻한 지를 스스로 알 수 있는 것과 같은 것이니라.

　또 남에게 말하지 말지니라.

　오직 여래만이 알 수 있지 사람이나 천상의 무리들은 도저히 알 수 없는 것이니라.

　범부는 지혜가 미치지 못하므로 상(相)에 집착을 하는데 자기의 마음이 본래 텅 비어있음을 알지 못하고 망령되이 사상(事相 : 작용의 모습, 겉모습)과 온갖 법에 집착하면

卽墮外道하리라 若知諸法이 從心生이면 不應有執이니
즉타 외도　　 약지제법　 종심생　 불응유집

執卽不知니라 若見本性하면 十二部經이 摠是閒文字니라
집즉불지　 약견본성　 십이부경　 총시한문자

千經萬論이 只是明心이니 言下契會하면 敎將何用이리요
천경만론　 지시명심　 언하계회　 교장하용

至理는 絶言이요 敎是言詞니 實不是道니라
지리　 절언　 교시언사　 실부시도

道本無言일새 言說은 是 妄이니라 若夜夢에 見樓閣宮
도본무언　 언설　 시 망　 약야몽　 견누각궁

殿象馬之屬과 及樹木叢林池亭如是等相이어든 不得
전상마지속　 급수목총림지정여시등상　 부득

起一念樂着이니 盡是托生之處라 切須在意어다
기일념락착　 진시탁생지처　 절수재의

곧 외도(外道)에 떨어지니라.

모든 법이 마음에서 생긴 것임을 알면 마땅히 집착이 있을 수 없는 것이니라.

집착하기 때문에 알지 못하는 것이니라.

만일 본성을 보게 되면 12부경은 모두 부질없는 문자일 뿐이니라. 천경만론이 단지 마음을 밝히려 하는 것이니 말 끝에 알아들으면 경전의 가르침이 무슨 소용이 있겠느냐.

지극한 이치는 말로 할 수가 없는데 가르침은 말씀일 뿐이니 사실은 도가 아니니라.

도는 본래 말로 할 수 없으므로 말로 해봤자 허망한 것이니라. 만약 꿈에 누각이나 궁전이나 코끼리나 말 따위나 나무나 숲이나 못이나 정자 등의 모습을 보게되면 잠깐이라도 빠져들지 말지니라. 모두가 망념에 의해 생기는 것이니라. 부디 주의할지니라!

臨終時에 都不取相하면 卽得除疑어니와 纖毫瞥起하면
임 종 시 도 불 취 상 즉 득 제 의 섬 호 별 기

卽攝魔境하나니라 法身은 本來淸淨無受언만 只緣迷故로
즉 섭 마 경 법 신 본 래 청 정 무 수 지 연 미 고

不覺不知니 因玆妄受業報일새 所以有樂着하야 不得
불 각 부 지 인 자 망 수 업 보 소 이 유 락 착 부 득

自在니라 只今에 若悟得本來身心하면 卽不染習이니라
자 재 지 금 약 오 득 본 래 신 심 즉 불 염 습

若從聖入凡하야 示現種種雜類等은 自爲衆生故니라
약 종 성 입 범 시 현 종 종 잡 유 등 자 위 중 생 고

聖人은 逆順에 皆得自在하사 一切業이 拘他不得이니라
성 인 역 순 개 득 자 재 일 체 업 구 타 부 득

聖成久하면 有大威德하나니 一切品類業이 被他聖人轉하야
성 성 구 유 대 위 덕 일 체 품 유 업 피 타 성 인 전

임종할 때에도 전혀 상(相)을 취하지 않으면 의혹(의심)에서 벗어날 수 있는데 털끝만치도 일으키기만 하면 악마의 경계에 이끌리게 되느니라.

법신(法身)은 본래 청정하여 받아들일 것이 없는데 미혹한 까닭에 알지도 못하고 깨닫지도 못하며, 이로 인해 업보를 쓸데없이 받는 것이며, 그런 까닭에 세상의 즐거움에 집착하느라 자재함(자유자재)을 얻지 못하는 것이니라.

지금이라도 본래의 몸과 마음을 깨닫기만 하면 습(習 : 습기, 잘못된 습관)에 물들지 않느니라. 성인의 경지에서 범부의 경지로 들어가 온갖 모습을 나타내 보이는 것은 중생을 위한 까닭이니라. 성인은 역(逆 : 악을 짓는 것), 순(順 : 선을 이루는 것)에 자재하므로 일체의 업이 그를 구속하지 못하느니라. 성인이 된지 오래되어 큰 위덕이 있으며, 일체 종류의 업이 성인으로 인해 움직이므로,

天堂地獄이 無奈何他니라 凡夫는 神識이 昏昧하야 不
同聖人의 內外明徹이니라 若有疑어든 即不作이니 作即
流浪生死하야 後悔라도 無相救處니라 貧窮困苦가 皆
從妄想生이니 若了是心하야 遞相勸勉호대 但無作而
作이면 即入如來知見하리라
初發心人은 神識이 摠不定이니 若夢中에 頻見異境이라도
輒不用疑어다 皆是自心起라 不從外來니라

천당이나 지옥이 성인을 어찌하지 못하느니라.

　범부는 신식(神識 : 의식, 심식)이 어리석어 사리에 어두우므로 성인처럼 안과 밖이 확실하게 밝지 못하니 의심이 생기더라도 의심하지 말지니라.

　의심을 하게되면 생사의 바다를 헤매느라 후회를 하여도 구제할 길이 없느니라.

　빈궁과 괴로움이 모두 망상에서 생겨나니 이 마음을 깨달아 서로서로 타일러서 힘쓰게 하되 인위적으로 만들어지는 것이 아니며 자연 그대로이다 라는 생각만 내면 바로 여래의 지견에 들게 되리라.

　처음 발심(發心)을 한 사람은 신식(의식)이 안정되지 못하니 꿈속에서 자주 이상한 경지를 보게 되더라도 의심하지 말지니라. 모두가 자기의 마음에서 일어난 것이지 밖에서 온 것이 아니니라.

夢_에 若見光明出現_이 過於日輪_{이면} 卽餘習_이 頓盡_{하고}
몽 약견광명출현   과어일륜   즉여습   돈진

法界性_이 現_{이니라} 若有此事_면 卽是成佛之因_{이니} 唯
법계성   현   약유차사   즉시성불지인   유

自知_오 不可人說_{이니라}
자지   불가인설

或靜園林中_에 行住坐臥_{타가} 眼見光明_이 或大或小_{라도}
혹정원림중   행주좌와   안견광명   혹대혹소

莫與人說_{하며} 亦不得取着_{이니} 亦是自性光明_{이니라}
막여인설   역부득취착   역시자성광명

或夜暗中_에 行住坐臥_{타가} 眼見光明_이 如晝無異_{라도}
혹야암중   행주좌와   안견광명   여주무이

不得怪_니 幷是自心_이 欲明_{이니라} 或夜夢中_에 見星月_이
부득괴   병시자심   욕명   혹야몽중   견성월

꿈에 광명이 햇빛보다 더 밝게 나타나는 것을 보게 되면 남아있는 습(習)이 한꺼번에 없어지고 법계의 성품(진여, 법신)이 나타나리라.

만약 이런 일이 있으면 부처를 이루는 씨앗이 되리니 혼자서만 알고 있지 남에게는 말하지 말지니라.

혹 고요한 숲 속에서 거닐고 머무르고 앉고 눕다가 크고 작은 광명이 보이더라도 남에게 말하거나 집착하지 말지니라.

이것도 자기의 성품의 광명이니라.

혹 어두운 밤중에 행·주·좌·와(行住坐臥 : 어떠할 때라도, 일상적인 행동)하다가 대낮같은 광명이 보이더라도 이상하게 생각하지 말지니라.

모두 자기의 마음이 밝아지려는 것이니라.

혹시 꿈속에서 별이나 달이

分明_{이면} 亦自心諸緣_이 欲息_{이니} 亦不得向人說_{이어다}
분명 　 역자심제연 　 욕식 　 역부득향인설

夢若昏昏_{하야} 猶如陰暗中行_{이면} 亦是自心煩惱障重_{이니}
몽약혼혼 　 유여음암중행 　 역시자심번뇌장중

亦自知_{니라} 若見本性_{이어든} 不用讀經念佛_{이니} 廣學多
역자지 　 약견본성 　 불용독경염불 　 광학다

知_는 無益_{이라} 神識_이 轉暗_{이니라} 設敎_는 只爲標心_{이니}
지 　 무익 　 신식 　 전암 　 설교 　 지위표심

若識心_{인댄} 何用看敎_{리요} 若從凡入聖_{인댄} 卽須息業
약식심 　 하용간교 　 약종범입성 　 즉수식업

養神_{하야} 隨分過日_{이어다}
양신 　 수분과일

若多嗔喜_{인댄} 與道相違_니 自賺無益_{이니라}
약다진희 　 여도상위 　 자잠무익

분명하게 보이면 자기 마음의 온갖 연(緣)이 쉬려는 것이니 역시 남에게 말하지 말지니라.

　꿈속이 어두워 캄캄한 곳을 다니는 것 같으면 자기의 마음이 번뇌의 장벽으로 무겁다는 것이니 스스로 알아야 하느니라. 만일 본성을 보게 되면 경을 읽거나 염불을 할 필요가 없느니라.

　두루 배우고 많이 안다고 해도 별 이익이 없으며, 의식만 오히려 어두워지느니라.

　가르침을 만들어 둔 것은 마음을 가리켜 설명하고자 한 것이니 마음을 알면 경전을 볼 필요가 어디에 있겠느냐. 만약 범부가 성인의 경지에 들고자 하면 업을 쉬고 정신을 길러서 분수에 맞게 세월을 보내야 하느니라.

　성을 자주 내거나 기뻐하는 것이 많으면 도(道)에 어긋날 뿐 아니라 스스로를 파는 것이라 아무런 이익이 없느니라.

聖人_은 於生死中_에 自在出沒_{하사} 隱現不定_{하나니} 一
성 인　　어생사중　　자재출몰　　은현부정　　일

切業_이 拘他不得_{하며} 能破邪魔_{니라} 一切衆生_이 但見
체업　　구타불득　　능파사마　　일체중생　　단견

本性_{하면} 餘習_이 頓盡_{하고} 神識_이 不昧_{니라}
본성　　여습　　돈진　　신식　　불매

欲眞會道_{인댄} 莫執一法_{하고} 息業養神_{이어다}
욕진회도　　막집일법　　식업양신

餘習_이 亦盡_{하면} 自然明白_{하야} 不假用功_{하리라}
여습　　역진　　자연명백　　불가용공

外道_는 不會佛意_{할새} 用功_이 最多_나 違背聖意_{로다} 終
외도　　불회불의　　용공　　최다　　위배성의　　종

日驅驅_{하야} 念佛轉經_{이라도} 昏於神性_{하야} 不免輪廻_{니라}
일구구　　염불전경　　혼어신성　　불면윤회

　성인은 생사 가운데를 자유롭게 드나들며, 숨거나 나타
나는 것이 정해져 있지 않으며,
일체 업이 그를 구속하지 못하며, 능히 삿된 마구니들을
깨뜨리느니라.
　일체중생이 본성을 보기만 하면 나머지 습기가 한꺼번
에 없어지고 의식이 맑아지리라.
　참으로 도를 알고자 하면 한 가지 법에 집착하지 말고 업
을 쉬어 정신을 길러야 하느니라.
　나머지 습(習)이 다하면 자연히 밝아져서 헛되이 공부
할 필요가 없느니라.
　외도(外道)는 부처님의 뜻을 모르므로 노력은 많이 하
지만 거룩한 뜻에 위배되므로
종일토록 열심히 염불하고 경을 읽어도 정신이 혼미하여
윤회를 면하지 못하느니라.

佛是閑人_{이라} 何用驅驅_며 廣求名利_{하야} 後時何用_가
불 시 한 인　　　하 용 구 구　　　광 구 명 리　　　후 시 하 용

但不見性人_은 讀經念佛_{하며} 長學精進_{하며} 六時行道_{하며}
단 불 견 성 인　　독 경 염 불　　　장 학 정 진　　　육 시 행 도

長坐不臥_{하며} 廣學多聞等_{으로} 以爲佛法_{하나니} 此等衆
장 좌 불 와　　　광 학 다 문 등　　　이 위 불 법　　　　차 등 중

生_은 盡是謗佛法人_{이니라} 前佛後佛_이 只言見性_{이시니}
생　　진 시 방 불 법 인　　　전 불 후 불　　지 언 견 성

若不見性_{하고} 妄言我得無上大道_{인댄} 此是大罪人_{이니라}
약 불 견 성　　　망 언 아 득 무 상 대 도　　　차 시 대 죄 인

十大弟子中_에 慶喜_가 多聞博學_{하야} 識見_이 第一_{이나}
십 대 제 자 중　　경 희　　다 문 박 학　　　식 견　　제 일

佛_이 責之_{하사} 只令聲聞_과 外道_로 無識_{케하시니}
불　　책 지　　지 령 성 문　　외 도　　무 식

　부처는 한가한 사람이라 어찌 바쁠 필요가 있겠으며, 명예와 이익을 구한들 훗날 어디에 쓰겠느냐.

　성품을 보지 못한 사람은 경을 읽고, 염불을 하며, 오래도록 배우며, 정진하며, 하루 여섯차례 예불을 하며, 오랫동안 눕지 않으며, 두루 배우고, 널리 듣고, 많이 아는 것을 불법으로 아는데, 이런 중생은 모두 불법을 비방하는 사람이니라.

　앞서 깨달은 부처님과 뒤에 깨달은 부처님이 오직 견성(見性)만을 말씀하셨는데 성품을 보지 못하였으면서도 망령되이 '나는 위없는 큰 도를 얻었다'라고 말한다면 아주 큰 죄인이니라.

　십대제자 가운데 아난이 가장 많이 알고 널리 배워서 식견이 제일이었으나 부처님께서는 성문들로 하여금 도에 벗어나게 하여 무식하게 만든다고 책망을 하셨느니라.

識數修證은 墮在因果中일새니라 是는 衆生의 業報니라
식 수 수 증　타 재 인 과 중　　시　중 생　업 보

不免生死하며 違背佛意니 卽是謗佛衆生이라 殺却하야도
불 면 생 사　위 배 불 의　즉 시 방 불 중 생　　살 각

無罪니라 經에 云하사대 闡提人은 不生信心하나니 殺却
무 죄　경　운　　천 제 인　불 생 신 심　　살 각

無罪라하시니라 若有眞正信心인댄 此人은 是佛位人이라
무 죄　　약 유 진 정 신 심　차 인　시 불 위 인

若不見性인댄 切不謗他善良이어다 自賺無益이니라
약 불 견 성　절 불 방 타 선 량　자 잠 무 익

善惡이 歷然하고 因果가 分明이라 天堂地獄이 只在眼
선 악　역 연　인 과　분 명　천 당 지 옥　지 재 안

前이니라 愚人은 不信이라 見墮黑暗地獄이라도
전　우 인　불 신　견 타 흑 암 지 옥

　알음알이로 닦아 증득(깨달음, 체험)하는 것은 인과(因果)에 떨어지는데 이는 중생의 업보인지라 생사를 면하지 못하며 부처님의 뜻에 어긋나는 것이니라.

　이런 중생은 부처님을 비방하는 중생인지라 죽여도 죄가 없느니라. 경전에도 '천제인(闡提人 : 진리 그 자체를 믿지 않거나 인과를 믿지 않고 악을 행하는 자)은 신심(信心)을 내지 않으니 죽여도 죄가 없다'고 하셨느니라.

　만약 진정한 믿음이 있으면 이 사람은 부처의 지위에 있는 사람이니라.

　자기의 성품을 보지 못하였으면 절대로 어진 이를 비방하지 말지니라. 스스로를 파는 것이라 이익이 없느니라.

　선과 악이 뚜렷하고 인과가 분명하며 천당과 지옥이 눈앞에 있느니라.

　어리석은 사람은 믿지 않는 까닭에 흑암지옥에 떨어져

亦不覺不知하나니 只緣業重故로 所以不信이니라 譬如
역불각부지   지연업중고   소이불신   비여

無目人이 不信道日有光明이니 從向伊說이라도 亦不
무목인   불신도일유광명   종향이설   역불

信矣니 只緣盲故라 憑何辨得日光이리요 愚人도 亦復
신의   지연맹고   빙하변득일광   우인   역부

如是하야 見今墮畜生雜類하며 誕在貧窮下賤하야 求
여시   견금타축생잡류   탄재빈궁하천   구

生不得하며 求死不得하나니라 雖受是苦나 直問着하야는
생부득   구사부득   수수시고   직문착

亦言我今快樂이 不異天堂이라하니 故知하라 一切衆生은
역언아금쾌락   불이천당   고지   일체중생

生處로 爲樂하야 不覺不知로다
생처   위락   불각부지

서도 느끼지 못하고 알지 못하는데 업장이 무거우므로 믿
지 못한 까닭이니라.

　소경이 해에 빛이 있다는 말을 믿지 않는 것과 같은 것이
니라.

　설사 그에게 말해주더라도 믿지 않음은 눈이 없기 때문
인데 어떻게 햇빛을 알 수 있겠느냐.

　어리석은 사람도 이와 같아서 축생의 무리에 떨어졌거
나 빈궁하고 하천한 무리에 태어나서 살려고 해도 살 수가
없고 죽으려 해도 죽을 수가 없느니라.

　이런 고통을 받으면서도 직접 물어보면 '나의 지금 즐거
움은 천당과 다를 바가 없다'고 하느니라.

　그러므로 알아라.

　일체중생은 태어난 곳을 즐거움으로 삼느라 느끼지도
못하고 알지도 못하는 것이니라.

如斯惡人은 只緣障重일새니라 若見自心是佛인댄 不在
여 사 악 인　　지 연 장 중　　　　약 시 자 심 시 불　　부 재

剃除鬚髮이니 白衣도 亦是佛이니라
체 제 수 발　　백 의　　역 시 불

若不見性이면 剃除鬚髮이라도 亦是外道니라
약 불 견 성　　체 제 수 발　　　역 시 외 도

이와 같이 악한 사람은 업장이 두텁기 때문이니라.

자기의 마음이 곧 부처인 줄 아는 것은 머리와 수염을 깎
는데 있는 것이 아니다.

머리를 깍지 않은 속인이라도 부처가 될 수 있느니라.

자기의 성품을 보지 못하면 머리와 수염을 깎았더라도
도에서는 벗어난 것이니라."

道不在山野
도 부 재 산 야

問曰 문왈　白衣는 백의　有妻子하야 유처자　姪欲을 음욕　不除커니 부제　憑何得成 빙하득성

佛이리요 불　答曰 답왈　只言見性하고 지언견성　不言姪欲이니 불언음욕　但得見性하면 단득견성

姪欲이 음욕　本來空寂이라 본래공적　不假斷除하며 불가단제　亦不樂着이니 역불락착　縱有 종유

餘習이라도 여습　不能爲害니라 불능위해　何以故오 하이고　性本淸淨故니 성본청정고　雖處 수처

五蘊色身中이라도 오온색신중　其性이 기성　本來淸淨하야 본래청정　不得汚染이니라 부득오염

도(道)는 산이나 들에 있는 것이 아니다.

"출가를 하지 않은 사람은 처자가 있어서 음욕(애욕, 탐욕)을 없애지 못하였으니, 어떻게 부처를 이룰 수 있겠습니까?" 하니 이렇게 대답하셨다.

"자기의 성품만 보라고 말하였지, 애욕은 말하지 않았느니라.

자기의 성품을 보기만 하면 애욕은 본래 공적한 것이라 구태여 없애려 할 것도 아니고 즐겨 빠질 것도 아니니라.

설사 습(習)이 남아있더라도 방해하지 못하리라.

왜냐하면 성품은 본래 청정하므로 비록 오온의 육신 속에 있더라도 그 성품이 본래 청정하여 물들지 않기 때문이니라.

法身은 本來無受하며 無飢無渴하며 無寒熱하며 無疾
법신   본래무수   무기무갈   무한열   무질

病하며 無恩愛하며 無眷屬하며 無苦樂하며 無好惡하며
병   무은애   무권속   무고락   무호악

無長短하며 無强弱하야 本來無有一物可得이언만 只緣有
무장단   무강약   본래무유일물가득   지연유

此色身하야 卽有飢渴寒熱瘴病等相하나니 若不賺欺어든
차색신   즉유기갈한열장병등상   약부잠기

一任作이어다 若於生死中에 得自在하야 轉一切法하야
일임작   약어생사중   득자재   전일체법

與聖人神通으로 自在無碍하면 無處不安하리라 若心有
여성인신통   자재무애   무처불안   약심유

疑하면 決定透一切境界不過하야 不免生死輪廻이어니와
의   결정투일체경계불과   불면생사윤회

　　법신(본체로서의 신체, 자성신)은 본래 느낌이 없으며,
굶주림이나 갈증이 없으며, 추위나 더위가 없으며, 질병이
없으며, 은애(恩愛 : 애집, 망집, 집착, 부모자식 사이의
애정)가 없으며, 권속이 없으며, 괴로움이나 즐거움이 없
으며, 좋고 나쁨이 없으며, 길고 짧음이 없으며, 강한 것이
나 약한 것이 없어서, 본래 한 물건도 얻을 수 없는데, 이
육신이 있기 때문에 배가 고프고, 목이 마르고, 춥고 더우
며 풍토병 따위가 있게 된 것이니라.

　　만일 속지 않게 되었으면 마음대로 해보아라.

　　생사 가운데서 자유로움을 얻어 일체의 법을 굴리어 성
인들의 신통과 같이 자유자재하여 걸림이 없으면 불안할
것이 없으리라.

　　만일 마음에 의심이 있으면 반드시 온갖 경계를 통과하
지 못하여 생사의 윤회를 면하지 못하겠지만

若見性이면 旃陀羅라도 亦得成佛하리라
약 견 성　　　전 다 라　　　　역 득 성 불

견성을 하면 전다라(아주 낮은 천민)라도 부처가 될 수 있
느니라."

屠漢亦得成道
도 한 역 득 성 도

問曰 旃陀羅는 殺生作業이어니 如何得成佛이니꼬 答
문 왈 전 다 라　살 생 작 업　　여 하 득 성 불　　답

曰 只言見性이요 不言作業이니 縱使作業이라도 不同
왈 지 언 견 성　　불 언 작 업　　종 사 작 업　　부 동

迷人하야 一切業이 拘他不得이니라 從無始曠大劫來로
미 인　　일 체 업　구 타 부 득　　종 무 시 광 대 겁 래

只爲不見性일새 墮在地獄中이라 所以作業하야 輪廻
지 위 불 견 성　　타 재 지 옥 중　　소 이 작 업　　윤 회

生死이어니와 悟得本性하면 終不作業이니라
생 사　　오 득 본 성　　종 부 작 업

백정도 도를 이룰 수 있다.

　"전다라(수렵, 도살, 형참을 업으로 하는, 인간으로 취급받지 못하는 가장 천한 사람)는 살생을 업으로 삼는데 어떻게 부처가 될 수 있습니까?"
　하니 대답을 하셨다.
　"성품을 보라고 말하였지, 어떤 일을 하느냐에 대해서는 말하지 않았느니라.
　설사 업을 짓더라도 미혹한 사람과는 다르므로 모든 업이 그를 구속하지 못하느니라.
　아득한 옛날부터 자기의 성품을 보지 못하였기에 지옥에 떨어졌으며 그런 까닭에 업을 지어 생사에 윤회하는데 본성을 깨달으면 업을 짓지 않느니라.

若不見性하면 念佛이라도 免報不得이니 非論殺生이어니와
약불견성　　　염불　　　　면보부득　　　비론살생

若見性하면 疑心을 頓除하면 殺害生命이라도 亦奈何他
약견성　　　의심　돈제　　　살해생명　　　역내하타

不得하리라 自西天二十八祖로 只是遞傳心印하시고 吾
부득　　　자서천이십팔조　　지시체전심인　　　오

今에 來此土도 唯傳頓敎의 卽心是佛이요 不言持戒
금　내차토　　유전돈교　즉심시불　　불언지계

精進苦行과 乃至入水火登劍輪과 一食長坐不臥니
정진고행　　내지입수화등검륜　　일식장좌불와

盡是外道有爲之法이니라 若識得施爲運動과 靈覺之
진시외도유위지법　　　　약식득시위운동　　　영각지

性하면 汝心이 卽諸佛心이니라
성　　　여심　즉제불심

　자기의 성품을 보지 못하면 염불을 하더라도 과보를 면
할 수 없으니 살생은 문제가 되지 않느니라.

　견성을 하여 의혹을 확 없애버리면 생명을 죽이더라도
그를 어떻게 할 수가 없느니라.

　서천(인도)의 28조들도 오직 심인(心印)을 전하셨고 내
가 지금 이 땅에 온 것도 오직 마음이 곧 부처라는 돈교(頓
敎 : 점진, 유인의 방법을 쓰지 않고 단적으로 대승의 깊은
도리를 설하는 것)를 전하려는 것이지, 계행을 지키고, 정
진을 하며, 고행을 하는 것과 불이나 물에 드는 것과, 악마
를 항복받기 위해 칼을 사용하는 법과, 한끼만 먹고 오랫
동안 눕지 않는 것을 말하려는 것이 아니니라.

　이런 것은 모두 도가 아닌 유위의 법이니라.

　분별하고 움직이는 신령스런 깨달음의 성품을 알면 그
대의 마음이 바로 부처의 마음이니라.

前佛後佛이 只言傳心하시고 更無別法이니라
전불후불　지언전심　갱무별법

若識此心하면 一字不識이라도 亦是佛이니라 若不識自
약식차심　일자불식　역시불　약불식자

己靈覺之性하면 假使身破微塵이라도 成佛은 終不可
기영각지성　가사신파미진　성불　종불가

得也니라 佛者는 亦名法身이며 亦名佛心이니 此心은
득야　불자　역명법신　역명불심　차심

無形相하며 無因果하며 無筋骨이라 猶如虛空하야 取不
무형상　무인과　무근골　유여허공　취부

得이니 不同質界하며 不同外道니라 此心은 除如來一
득　부동질계　부동외도　차심　제여래일

人能會하고 其餘衆生迷人은 不明了니라
인능회　기여중생미인　불명료

　앞서 깨달은 부처님과 뒤에 깨달은 부처님이 오직 마음
을 전하는 말씀을 하셨지, 달리 다른 법을 말씀하시지 않
으셨으니, 이 마음을 알면 글자 한 자 몰라도 역시 부처이
니라.

　자기의 신령스런 성품을 알지 못하면 설사 몸이 부서져
먼지가 되더라도 부처는 끝내 될 수가 없느니라.

　부처란 법신이라고도 하고 마음을 깨달은 이라고도 하
느니라.

　이 마음은 형상이 없으며, 인과가 없으며, 힘줄이나 뼈
가 없으며, 마치 허공과 같아서 취할 수가 없으니, 물질의
세계와 같지 않으며, 외도와 같지도 않느니라.

　이 마음은 여래만이 아시고 그 밖의 중생과 미혹한 사람
은 분명히 알지를 못하느니라.

此心은 不離四大色身中이니 若離是心하면 卽無能運
차심 불이사대색신중 약이시심 즉무능운

動이니라 是身無知호미 如草木瓦礫이라 身是無情이어니
동 시신무지 여초목와력 신시무정

因何運動고 若自心으로 乃至語言施爲運動과 見聞覺
인하운동 약자심 내지어언시위운동 견문각

知히 皆是動心動用이니라 動是心動이요 動卽其用이니
지 개시동심동용 동시심동 동즉기용

動用外에는 無心하고 心外에는 無動일새니라 動不是心이요
동용외 무심 심외 무동 동불시심

心不是動이니 動本無心 心本無動일새니라 動不離心하고
심불시동 동본무심 심본무동 동불이심

心不離動이나 無心離離하며 無心動動이니라
심불이동 무심이이 무심동동

　이 마음은 사대로 된 육신을 떠나지 않으니 이 마음이 없
으면 움직일 수도 없느니라. 이 몸은 아는 것이 없으며 초
목이나 기왓장과 같은 것이라 감정이 없으니 어떻게 움직
일 수 있겠느냐.

　자기의 마음으로 말하고, 분별하고, 움직이고, 보고, 듣
고, 느끼고, 아는 것이니라. 즉 모든 것이 마음의 움직임이
고 작용의 움직임이니라. 움직임은 마음의 움직임이고 움
직임은 곧 마음의 작용이니 움직임과 작용이외에 마음이
없고, 마음없이 움직임이 있을 수 없느니라.

　움직이는 것은 마음이 아니고 마음은 움직이는 것이 아
니니 움직임에는 본래 마음이 없고 마음에는 본래 움직임
이 없느니라. 움직임은 마음을 벗어날 수 없고 마음은 움
직임을 벗어 날 수 없다. 떠난다, 떠난다하는 생각도 없으
며 움직인다, 움직인다하는 생각도 없느니라.

是心用用이요 是心動動이니 卽心用用이요 卽心動動일새니라
시 심 용 용　　　시 심 동 동　　　즉 심 용 용　　　즉 심 동 동

不動不用이니 用體本空이라 空本無動일새니라 動用이
부 동 불 용　　　용 체 본 공　　　공 본 무 동　　　　　동 용

同心이나 心本은 無動이로다 故로 經에 云하사대 動而無
동 심　　　심 본　　무 동　　　고　　경　　운　　　　동 이 무

所動이라하시니 終日去來而未曾去來요 終日見而未曾
소 동　　　　　종 일 거 래 이 미 증 거 래　　종 일 견 이 미 증

見이요 終日笑而未曾笑요 終日聞而未曾聞이요 終日
견　　　종 일 소 이 미 증 소　　종 일 문 이 미 증 문　　　종 일

知而未曾知요 終日喜而未曾喜요 終日行而未曾行이요
지 이 미 증 지　　종 일 희 이 미 증 희　　종 일 행 이 미 증 행

終日住而未曾住니라
종 일 주 이 미 증 주

　이것이 마음의 작용이 작용한 것이고 마음의 움직임이
움직인 것이니 마음의 작용으로 작용하는 것이요 마음의
움직임으로 움직인 것이니라.

　움직임과 작용이 없으니 작용의 본체는 본래 공이니라.

　공은 본래 움직임이 없으므로 움직임과 작용이 마음과
같으나 마음의 근본은 움직임이 없느니라.

　그러므로 경에 이르시길 '움직이되 움직이는 바가 없다'
하신 것이니라.

　종일토록 가고 오되, 가고 온 적이 없으며, 종일토록 보
되, 본 적이 없으며, 종일토록 웃되, 웃은 적이 없으며, 종
일토록 듣되, 들은 적이 없으며, 종일토록 알되, 안 적이
없으며, 종일토록 기뻐하되, 기뻐한 적이 없으며, 종일토
록 행하되, 행한 적이 없으며, 종일토록 머무르되, 머무른
적이 없느니라.

故로 經에 云하사되 言語道斷하고 心行處滅이라하시니 見
聞覺知가 本自圓寂이라 乃至嗔喜痛痒이 何異本人이리요
轉轉推尋에 痛痒을 不可得이로다
故로 經에 云하사대 惡業은 卽得苦報하고 善業은 卽得
善報라하시니 不但嗔墮地獄하고 喜卽生天이라 若知嗔
喜性空하야 但不執着이면 卽脫業力하리라
若不見性이면 講得經論이라도 決無依憑이니라

그러므로 경에 이르시길

'말로 표현할 길이 끊겼고 마음으로 행(觀, 思惟)할 곳이 없어졌다' 하셨느니라.

보고 듣고 느끼고 아는 것이 본래 스스로 원적(깨달음)한 것이라 성내고 기쁘고 아프고 가려움이 어찌 본인과 다르겠느냐.

아무리 찾아보아도 아픔과 가려움을 찾지 못하겠도다.

그러므로 경에 이르시길 '악업은 괴로운 과보를 받고 선업은 좋은 과보를 받는다' 하셨느니라.

성을 내면 지옥에 떨어지고 기뻐하면 하늘에 태어날 뿐 아니라 화를 내거나 기뻐하는 성품이 공(空)한 것임을 알아 집착하지를 않으면 바로 업력에서 벗어나리라.

성품을 보지 못하면 경론을 강설하여 주더라도 아무런 힘이 되지 못하리라.

說亦無盡일새 畧標邪正如是나 一一不及也로다
설 역 무 진　　약 표 사 정 여 시　　일 일 불 급 야

頌曰,
송 왈

心心心이여 難可尋이로다 寬時에 遍法界하고 窄也에
심 심 심　　난 가 심　　관 시　　편 법 계　　착 야

不容針이로다 我本求心不求佛이라
불 용 침　　아 본 구 심 불 구 불

了知三界空無物이로다 若欲求佛但求心이니 只這心心
요 지 삼 계 공 무 물　　약 욕 구 불 단 구 심　　지 저 심 심

心是佛이로다 我本求心心自持라 求心不得待心知어다
심 시 불　　아 본 구 심 심 자 지　　구 심 부 득 대 심 지

佛性은 不從心外得이니 心生便是罪生時니라
불 성　　부 종 심 외 득　　심 생 변 시 죄 생 시

　설법을 하자면 끝이 없으므로 간략하게 삿됨과 바름에
대하여 이와 같이 설명하였는데 모두들 충분히 알아듣지
를 못하는구나.

　게송으로 말하리라.

　마음, 마음, 마음이여! 찾기가 어렵구나.

　너그러울 때는 법계에 두루 하지만 좁을 때엔 바늘끝도
용납하지 못하는구나. 나는 본래 마음을 찾았지 부처를 찾
은 적이 없느니라. 삼계가 공(空)하므로 아무 것도 없음을
분명히 아노라. 부처를 찾으려면 오직 마음을 찾아라.

　이 마음, 마음, 마음이 곧 부처이니라.

　내 본래 마음을 구하지만 마음은 스스로 지니고 있으니
마음을 구하려면 마음으로 알기를 바라지 말아라.

　불성은 마음 밖에서 얻을 수 없으니 마음이 생기면 곧 죄
가 생기는 때이니라.

傳法偈
전 법 게

吾本來此土는 傳法救迷情이니
오 본 래 차 토   전 법 구 미 정

一花開五葉에 結果自然成이라
일 화 개 오 엽   결 과 자 연 성

법을 전하는 게송이니라.

내가 이 땅에 온 것은
법을 전해 미혹한 중생을 건지려 한 것이니
한 송이 꽃에 다섯 잎이 열리어
열매가 저절로 맺으리라.

觀心論
관 심 론

觀心
관 심

達磨答惠可曰 觀心一法이 摠攝諸行이니 名爲省要니라
달마 답 혜가 왈 관심일법 총섭 제행   명 위 성 요

又答曰 心者는 萬法之本이라 一切諸法이 唯心所生이니
우 답 왈 심 자 만법지본   일체제법   유심소생

若能了心하면 萬行이 俱備하리라
약 능 요 심   만 행   구 비

譬如大樹에 所有枝條와 及諸華果가 皆悉因根이어든
비 여 대 수 소 유 지 조 급 제 화 과 개 실 인 근

裁樹者는 存根而始生하고 伐樹者는 去根而必死니
재 수 자 존 근 이 시 생   벌 수 자 거 근 이 필 사

마음을 관(觀)하다.

   달마대사께서 혜가대사의 물음에
   "마음을 관(觀)하는 한 가지 법이 모든 수행을 포함하고 있
으며 개념적 사고로 사려, 분별하지 않고 곧바로 궁극의 진리
를 깨닫게 하는 가르침이니라." 하신 후 다시 말씀하시길,
   "마음이라는 것은 만법(만유일체, 모든 법, 모든 존재)
의 근본이니라. 일체의 법이 오직 마음에서 생기므로 마음
을 깨달으면 모든 수행을 다 갖춘 것이 되느니라.
   비유하자면 큰 나무의 가지와 꽃과 열매가 모두 뿌리로
인하여 있으므로 나무를 키우려는 사람은 뿌리를 두어야
살릴 수 있고 나무를 베어버리려는 사람은 뿌리를 없애어
야 반드시 죽일 수 있듯이

若能了心修道_{하면} 則省功而易成_{이요} 若不了心而修
약능요심수도　　즉성공이이성　　약불요심이수

道_{하면} 乃費功而無益_{이니라}
도　　내비공이무익

故知_{하라} 一切善惡_이 皆由自心_{이니} 心外別求_{하면} 終
고지　　일체선악　　개유자심　　심외별구　　종

無是處_{니라}
무시처

마음을 깨닫고 도를 닦으면 공을 적게 들여도 쉽게 이룰
것이고 마음을 깨닫지 못하고 도를 닦으면 헛수고만 할 뿐
이익이 없으리라.

　그러므로 알아라.

　일체의 선과 악은 모두 자기의 마음으로 생겨나니 마음
밖에서 달리 구하는 것은 결국 옳지 못한 것이니라."

心具染淨緣起
심 구 염 정 연 기

又答曰　了四大五蘊이　本空無我하며　了見自心起用이
우 답 왈　요 사 대 오 온　본 공 무 아　　요 견 자 심 기 용

有二種別이니　云何爲二오　一者는　淨心이요　二者는　染
유 이 종 별　　운 하 위 이　일 자　정 심　　이 자　염

心이라　其淨心者는　卽是無漏眞如之心이요　其染心者는
심　　기 정 심 자　즉 시 무 루 진 여 지 심　　기 염 심 자

卽是有漏無明之心이니　此二種心이　自然本來俱有하야
즉 시 유 루 무 명 지 심　　차 이 종 심　자 연 본 래 구 유

雖假緣合이나　互不相生이니라
수 가 연 합　　호 불 상 생

마음에는 깨끗한 마음과 더러운 마음이 있다.

또 대답을 하셨다.

"지·수·화·풍의 네 가지 원소와 색·수·상·행·식
의 오온이 본래 공하여 「나」가 아님을 알아야 하며 자기의
마음에 일어나는 작용이 두 가지가 있음을 알아야 하느니
라. 무엇을 두 가지라 하는가 하면, 하나는 청정한 마음이
고, 다른 하나는 더러운 마음이다.

청정한 마음이라는 것은 번뇌가 없는 진여의 마음이고,
더러운 마음이라는 것은 번뇌가 있는 어리석은 마음이니
라. 이 두 가지 마음은 본래부터 저절로 함께 존재하는 것
이며, 어떤 인연으로 어울릴 수는 있으나 서로를 생겨나게
하지는 못하느니라.

淨心은 常樂善因하고 染心은 常思惡業하나니 若眞如
自覺하야 覺不受所染則稱之爲聖이라
遂能遠離諸苦하고 證涅槃樂이요 若隨染造惡하야 受
其纏覆則名之爲凡이라
於是에 沈淪三界하야 受種種苦하나니
何以故오 由彼染心이 障眞如體故니라

　청정한 마음은 항상 선인(善因 : 선근)을 좋아하는데 더러운 마음은 항상 악업을 생각하느니라.
　만일 진여를 스스로 깨달아 깨달음이 더러움에 물들지 않으면 성인이라 하는데 마침내는 모든 괴로움을 여의고 열반의 즐거움을 받을 것이고 만일 더러움에 유혹을 받아 악을 지어 그것에 묶이고 덮이면 범인이라 하는데 삼계에 빠져 갖가지 고통을 받을 것이니라.
　왜냐하면 마음이 더러움에 덮여 진여의 본체를 가렸기 때문이니라.

眞心因妄不現
진 심 인 망 불 현

十地經에 云하되 衆生身中에 有 金剛佛性흠이 猶如日
십 지 경　　운　　　중생신중　　유 금강불성　　　　유여일

輪이 體明圓滿하야 廣大無邊컨만 只爲五陰黑雲의 所
륜　 체명원만　　　광대무변　　지위오음흑운　　 소

覆흠이 猶如瓶內燈光이 不能顯現이라하시고
복　　　유여병내등광　　 불능현현

又涅槃經에 云하사대 一切衆生이 皆有佛性이언만
우 열반경　　운　　　일체중생　　개유불성

無明이 覆故로 不得解脫이라하시니라
무 명　 복고　　부득해탈

진실한 마음은 무명(無明)때문에 나타나지 않는다.

　십지경에 이르시길

　'중생의 몸 안에 금강같은 불성이 있는데 해와 같이 밝
고, 원만하고, 크고, 끝이 없는데 오음(오온)의 먹구름에
덮여 있으므로 병 속의 등불빛이 드러나지 못하는 것과 같
다' 하셨고

　열반경에서 이르시길

　'모든 중생이 모두 불성을 갖고 있는데 무명에 덮이어 해
탈하지 못한다' 하셨느니라.

善法以覺爲根者
선 법 이 각 위 근 자

佛性者는 覺也라 但能自覺하야 覺智明了하야 離其所
불 성 자　　각 야　　단 능 자 각　　각 지 명 료　　　이 기 소

覆하면 則名解脫이니 故知一切諸善이 以覺으로 爲根이로다
복　　　즉 명 해 탈　　고 지 일 체 제 선　　이 각　　위 근

因其覺根하야 遂能顯現諸功德樹어든 究竟之果ㅣ 由
인 기 각 근　　　수 능 현 현 제 공 득 수　　　구 경 지 과　　유

此而成하나니 如是觀心을 名之爲了니라
차 이 성　　　여 시 관 심　　명 지 위 료

　　착한 법은 깨달음으로 그 근본을 삼는다.

　불성이라는 것은 깨달음이다.

　스스로 깨달아 깨달은 지혜가 분명하여 덮이었던 것을
벗어나면 해탈이라 하느니라.

　그러므로 일체의 선은 깨달음이 그 근본임을 알 수가 있
느니라.

　깨달음의 뿌리에 의하여 모든 공덕의 나무가 드러날 수
있으며 구경(열반)의 열매가 이루어지니 이와 같이 마음
을 관하는 것을 깨닫는 것이라 하느니라."

惡法以三毒爲根
악 법 이 삼 독 위 근

惠可 問曰　未審커라　無明之心과　一切諸惡은　以何爲
혜가 문왈　미심　　　무명지심　　일체제악　　　이하위

根이니꼬　答曰　無明之心이　雖有八萬四千煩惱情欲하야
근　　　　답왈　무명지심　　수유팔만사천번뇌정욕

恒沙衆惡이　無量無邊이나　取要言之컨대　皆因三毒하야
항사중악　　무량무변　　　취요언지　　　개인삼독

以爲根本이니라　其三毒者는　卽貪瞋癡也라　此三毒心이
이위근본　　　　기삼독자　　즉탐진치야　　차삼독심

自然本來具有一切諸惡흠이　猶如大樹　根雖是一이나
자연본래구유일체제악　　　유여대수　근수시일

나쁜 법은 삼독(三毒)이 뿌리이다.

　혜가대사가 여쭙기를

　"어떤 것이 무명의 마음과 모든 악의 근본(뿌리)이 되는
지를 모르겠습니다."

　하니 달마대사가 대답하셨다.

　무명의 마음이, 팔만 사천의 번뇌와 정욕(여러가지의 욕
망)이 있어서 항하의 모래수 같은 온갖 악이 한량없고 끝
이 없지만 요점만을 말한다면 모두다 삼독이 그 근본이 되
느니라.

　이 삼독이라는 것은 탐내고 성내고 어리석은 것이니라.

　이 세 가지 나쁜 마음이 본래부터 일체의 악을 갖추고 있
는데 그것은 마치 큰 나무가 뿌리는 하나이지만 생겨나는

所生枝葉이 其數無邊인달하야
소 생 지 엽　기 수 무 변

彼三毒根이 一一根中에 生諸惡業홈이 百千萬億倍나
피 삼 독 근　일 일 근 중　생 제 악 업　백 천 만 억 배

過於前하야 不可爲喩니라
과 어 전　불 가 위 유

가지와 잎은 그 수가 끝이 없는 것과 같느니라.
　삼독의 뿌리에서 하나 하나의 뿌리마다 온갖 악업을 생
겨나게 하는 것은 앞서 말한 것보다 백천만억 배이므로 비
유를 할 수가 없느니라.

正明六賊
정 명 육 적

如是三毒이 於一本體에 自爲三毒이어니와 若應現六
여시삼독　　어일본체　　자위삼독　　　　약응현육

根하면 亦名六賊이니 六賊者는 卽六識也라
근　　　역명육적　　육적자　　즉육식야

由此六識이 出入諸根하야 貪着萬境하야 然成惡業하야
유차육식　　출입제근　　탐착만경　　연성악업

障眞如體故로 名六賊이니라 一切衆生이 由此三毒과
장진여체고　　명육적　　　일체중생　　유차삼독

及以六賊이 惑亂身心하야 沈淪生死하야 輪廻六趣할새
급이육적　　혹난신심　　침륜생사　　윤회육취

육적을 분명히 밝힌다.

　이와 같이 삼독이 하나의 본체에서 삼독으로 있다가 육근에 응하여 나타나면 육적이라 하느니라.

　육적이란 것은 곧 육식이니라.

　육식(안·이·비·설·신·의의 육근이 색·성·향·미·촉·법의 육경에 대하여 알음알이를 냄)이 여러 감각기관을 드나들므로 인하여 온갖 경계에 빠져 자연히 나쁜 업을 만들며 진여의 바탕을 가리우기 때문에 육적이라 하느니라.

　일체중생은 이 삼독과 육적때문에 몸과 마음이 산란하게 흐트러지며 생사에 빠져들어 육취(육도)를 윤회하며

受諸苦惱_{흠이} 猶如江河 因小泉源_이 涓流不絶_{하야} 乃
수 제 고 뇌　　유 여 강 하　인 소 천 원　　연 류 부 절　　　내

能彌滿_{하야} 波濤萬里_{하나니라}
능 미 만　　파 도 만 리

  온갖 고통을 받는데 큰 강이 작은 샘을 근원으로 하여 쉬
지 않고 흐르다가 마침내 가득히 차면 만리에 파도가 출렁
이는 것과 같으니라.

斷三毒根
단 삼 독 근

若復有人이 斷其根源하면 則衆流 皆息하나니라
약 부 유 인　단 기 근 원　즉 중 류 개 식

求解脫者가 能轉三毒하야 爲三聚淨戒하고
구 해 탈 자　능 전 삼 독　위 삼 취 정 계

能轉六賊하야 爲六波羅蜜하면 自然永離一切諸苦하나니라
능 전 육 적　위 육 바 라 밀　자 연 영 리 일 체 제 고

삼독(三毒)의 뿌리를 끊어라.

　만약 사람이 그 근원을 끊게되면 온갖 흐름이 모두 쉬게 되느니라.

　해탈을 구하는 자가 삼독을 돌려 삼취정계(일체의 악을 끊어버리고 적극적으로 모든 선을 실행하며 널리 중생에게 이익을 베푸는 것)로 만들고 육적을 돌려 육바라밀로 만들면 자연히 모든 고통에서 영원히 벗어나게 되리라."

了出三界
요 출 삼 계

又答曰　三界業報가　唯心所生이니　若能了心하면　於
우 답 왈　삼 계 업 보　유 심 소 생　약 능 요 심　　어

三界中에　則出三界하리라
삼 계 중　즉 출 삼 계

깨달으면 삼계(三界)를 벗어나리라.

　또 대답을 하셨다.
　"삼계의 업보는 오직 마음에서 생긴 것이니 마음을 깨달을 수 있다면 삼계 안에 있으면서도 삼계를 벗어나리라.

三界原因
삼 계 원 인

其三界者는 則三毒也니 貪爲欲界요 嗔爲色界요 痴
기 삼 계 자　즉 삼 독 야　탐 위 욕 계　진 위 색 계　치

爲無色界라
위 무 색 계

由此三毒하야 結集諸惡할새 業報成就하야 輪廻六趣
유 차 삼 독　　결 집 제 악　　업 보 성 취　　윤 회 육 취

故로 名爲三界니라
고　　명 위 삼 계

삼계(三界)라는 것은 삼독이다.

　탐욕이 욕계요, 성냄이 색계며, 어리석음이 무색계이니라.
　이 삼독으로 인하여 모든 악이 생겨나고 업보가 이루어
져 육도를 윤회하므로 삼계라 하느니라."

迷現六趣
미 현 육 취

又答曰 우답왈　若有衆生이 약유중생　不了正因하고 불료정인　迷心修善하면 미심수선　未 미

免三界하야 면삼계　生於三輕趣하나니 생어삼경취　云何三輕고 운하삼경　所謂迷修 소위미수

十善하야 십선　妄求快樂하면 망구쾌락　未免貪界하야 미면탐계　生於天趣하고 생어천취　迷 미

持五戒하야 지오계　妄起憎愛하면 망기증애　未免瞋界하야 미면진계　生於人趣하고 생어인취

迷執有爲하야 미집유위　信邪求福하면 신사구복　未免痴界하야 미면치계

미혹하면 육취(六趣)가 나타난다.

또 대답하셨다.

　"중생이 정인(佛心印, 자성청정심)을 깨닫지 못하고 미혹한 마음으로 선을 닦으면 삼계를 벗어나지 못하여 세 가지 가벼운 갈래에 태어나느니라. 무엇을 세 가지 가벼운 갈래라 하는가 하면 이를테면 미혹한 마음으로 십선(十善)을 닦으며 망령되이 쾌락을 구하면 탐욕의 경지를 벗어나지 못하여 하늘 갈래에 태어나는 것과, 미혹한 마음으로 오계를 지키되 사랑하는 마음과 미워하는 마음을 헛되이 일으키면 성내는 경지를 벗어나지 못하여 인간의 갈래에 태어나는 것과, 미혹한 마음으로 유위(有爲)에 집착하여 삿된 것을 믿고 복을 구하면 어리석음의 경계를 벗어나지 못하여

生於修羅趣하나니 如是三類를 通名三輕趣니라
생 어 수 라 취　　　여 시 삼 류　　　통 명 삼 경 취

云何三重고 所謂縱三毒心하야 唯造惡業이니 若貪業이
운 하 삼 중　　소 위 종 삼 독 심　　유 조 악 업　　약 탐 업

重者는 墮餓鬼趣하고 瞋業이 重者는 墮地獄趣하고 痴
중 자　　타 아 귀 취　　　진 업　　중 자　　타 지 옥 취　　　치

業이 重者는 墮畜生趣하나니 如是三重을 通前三輕하면
업　　중 자　　타 축 생 취　　　여 시 삼 중　　통 전 삼 경

遂成六趣니라
수 성 육 취

아수라의 갈래에 태어나는 것을 말하며 이와 같은 세 가지
를 세 가지 가벼운 갈래라 하느니라.

　무엇을 세 가지 무거운 갈래라 하는가 하면 이를테면 삼
독의 마음으로 오로지 나쁜 업만 짓는 것이니라.

　탐욕의 업이 무거운 자는 아귀의 갈래에 떨어지고, 성내
고 원망한 업이 무거운 자는 지옥갈래에 떨어지고, 어리석
음의 업이 무거운 자는 축생의 갈래에 떨어지느니라.

　이 세 가지 무거운 갈래와 앞의 세 가지 가벼운 갈래를
합치면 육취가 되느니라.

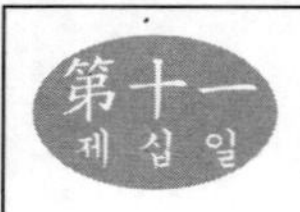

攝心解脫
섭 심 해 탈

故知惡業이 由心所生이니 但能攝心하야 離諸邪惡하면
고 지 악 업　유 심 소 생　　단 능 섭 심　　이 제 사 악

三界輪廻가 自然消滅하야 能盡諸苦하리니 則名解脫이니라
삼 계 윤 회　자 연 소 멸　　능 진 제 고　　즉 명 해 탈

마음을 거두면 해탈이다.

그러므로 알아라.

악업은 마음으로 인해 생겨나므로 마음만 잘 거두어 삿
된 것과 악한 것에서 벗어날 수 있으면 삼계의 윤회가 저
절로 사라져 모든 고통이 없어지게 되므로 해탈이라 이름
하느니라."

卽三毒現阿僧祇
즉 삼 독 현 아 승 지

又答阿僧祇問曰　此는　則三毒心也니
우 답 아 승 지 문 왈　차　즉 삼 독 심 야

胡名에　阿僧祇라하거든　漢言에는　不可數라　此心中에
호 명　아 승 지　한 언　불 가 수　차 심 중

有恒沙惡念이어든　一一念中에　皆有一劫이니라　恒沙者는
유 항 사 악 염　일 일 염 중　개 유 일 겁　항 사 자

不可數也니　以三毒惡念이　如恒沙故로　言不可數也니라
불 가 수 야　이 삼 독 악 염　여 항 사 고　언 불 가 수 야

眞如之性이　旣被三毒之所覆할새
진 여 지 성　기 피 삼 독 지 소 복

삼독에 의하여 아승지(阿僧祇)로 나타난다.

　또 아승지가 무엇인지를 여쭌데 대하여 이렇게 대답하셨다.

　"아승지는 삼독의 마음이니라.

　호나라에서는 아승지라 하지만 한나라 말로는 수를 셀 수가 없다는 말이니라.

　이 마음속에 항하의 모래 수 같은 나쁜 생각이 있는데 하나 하나의 생각마다 모두 일 겁씩이 있느니라.

　항하의 모래라 하는 것은 수를 셀 수가 없다는 것인데, 삼독으로 생기는 나쁜 생각이 항하의 모래와 같으므로 그 수를 헤아릴 수가 없다고 하는 것이니라.

　진여의 성품이 삼독에 덮였으니

若不超彼恒沙惡念하면　云何名解脫이리요
약 불 초 피 항 사 악 염　　　운 하 명 해 탈

今者에　能除貪瞋痴하면　卽超過三大阿僧祇劫이어늘
금 자　　능 제 탐 진 치　　즉 초 과 삼 대 아 승 지 겁

末世衆生이　鈍根하야　不解如來甚深妙義三阿僧祇秘
말 세 중 생　　둔 근　　불 해 여 래 심 심 묘 의 삼 아 승 지 비

密之說하고　遂言歷此塵劫하야사　方得成佛이라하나니　末
밀 지 설　　수 언 역 차 진 겁　　방 득 성 불　　　　　　말

劫에　豈不疑誤修行之人하야　退菩提之道也리요
겁　　기 불 의 오 수 행 지 인　　퇴 보 리 지 도 야

　항하의 모래 수 같은 나쁜 생각을 벗어나지 못하면 어찌 해탈이라 하겠느냐.

　지금 탐·진·치의 마음을 없앨 수 있으면 바로 삼대 아승지겁을 뛰어넘는 것이 된다.

　말세의 중생들은 우둔하여 여래의 깊고도 묘한 뜻인 세 아승지겁의 비밀스런 말씀(숨은 뜻)을 이해하지 못하여 그렇게 무한히 긴 세월을 보내어야 비로소 성불할 수 있다고 말하는데 그것은 말겁(말세)에 수행인을 의심하게 하고 잘못 알게 하여 보리의 도에서 물러나게 하는 것이 아니겠느냐."

明三聚六波羅密
명 삼 취 육 바 라 밀

又問曰 持三聚淨戒하며 行六波羅密하야사 方成佛道어늘
우 문 왈　지 삼 취 정 계　　행 육 바 라 밀　　　방 성 불 도

今令學者로 唯持觀心하고 不修戒行이면 云何成佛이리요
금 령 학 자　유 지 관 심　　불 수 계 행　　운 하 성 불

答曰 三聚淨戒者는 則制三毒心也니 制一毒하면 成
답 왈　삼 취 정 계 자　즉 제 삼 독 심 야　제 일 독　　성

無量善聚하나니라 聚者는 會也니 能制三毒心하면 三無
무 량 선 취　　　　취 자　회 야　능 제 삼 독 심　　삼 무

量善이 普會於心일새 名三聚淨戒니라
량 선　보 회 어 심　　명 삼 취 정 계

삼취와 육바라밀을 밝히다.

　또 여쭙기를 "삼취정계(三聚淨戒)를 지니고 육바라밀을
행하여야 비로소 불도를 이룰 수 있는데 지금 학자(學者 :
불교의 수행자, 도에 힘쓰는 자, 제자)들에게 '오직 마음
관(觀)하는 법만 지니라' 하시니 이해가 되질 않습니다.
　계행을 닦지 않고 어떻게 성불할 수 있겠습니까?"
하니 대답을 하셨다.
　"삼취정계라 하는 것은 삼독의 마음을 누르는 것이니라.
　하나의 독을 누르면 무량한 선의 무더기를 이룰 수 있느
니라. 취(聚)라 하는 것은 모인다는 뜻이니라.
　삼독의 마음을 억제하면 세 가지 한량없는 선이 모두 마
음에 모이므로 삼취정계라 하느니라.

六波羅密者는 卽淨六根이니 胡名은 波羅密이요 漢言에
육 바 라 밀 자　　　　즉 정 육 근　　　　호 명　　　바 라 밀　　　　한 언

到彼岸이어든 以六根清淨하여 不染世塵이면 卽是出煩
도 피 안　　　　이 육 근 청 정　　　　불 염 세 진　　　　즉 시 출 번

惱하야 便至彼岸일새 故名六波羅密이니라
뇌　　　　변 지 피 안　　　　고 명 육 바 라 밀

又問曰 三聚淨戒者는 誓斷一切惡하며 誓修一切善하며
우 문 왈　삼 취 정 계 자　　서 단 일 체 악　　　　서 수 일 체 선

誓度一切衆生이어늘 今者에 唯言制三毒心이라하시니 豈
서 도 일 체 중 생　　　금 자　　유 언 제 삼 독 심　　　　　　　기

不文義에 有所乖也리요
불 문 의　　유 소 괴 야

答曰 佛所說經이 眞實하야 應無謬也시니라
답 왈　불 소 설 경　　진 실　　　응 무 류 야

　　육바라밀이라 하는 것은 육근을 깨끗이 한다는 것이니
라. 호나라에서는 바라밀이라 하지만 한나라말로는 도피
안(저 언덕에 이르름)이니라.
　　육근이 청정하여 세상의 경계(더러움)에 물들지 않아
서, 곧 이는 번뇌에서 벗어나 문득 저 언덕에 이르는 것이
므로 육바라밀이라 이름하느니라."
　　또 여쭙기를 "삼취정계라 하는 것은 온갖 악을 끊어야겠
다고 맹세하는 것과 일체의 선을 닦아야겠다고 서원하는
것과 일체의 중생을 제도하여야겠다고 서원하는 것인데
지금 말씀하시기를 오직 삼독의 마음만 눌러라 하시니 어
찌 글과 뜻에 어긋나는 것이 아니겠습니까?"
　　하니, 대답을 하셨다.
　　"부처님이 말씀하신 경전은 진실하여 틀림이 있을 수 없
느니라.

菩薩摩訶薩이 於過去因中 修菩薩行時에 爲對三毒하야
보 살 마 하 살　어 과 거 인 중　수 보 살 행 시　위 대 삼 독

發三誓願할새 持三聚淨戒하시니 常修戒는 對貪毒이라
발 삼 서 원　지 삼 취 정 계　상 수 계　대 탐 독

誓斷一切惡故요 常修定은 對嗔毒이라 誓修一切善故요
서 단 일 체 악 고　상 수 정　대 진 독　서 수 일 체 선 고

常修慧는 對痴毒이라 誓度一切衆生故니라
상 수 혜　대 치 독　서 도 일 체 중 생 고

由持如是戒定慧三種等法故로 超彼三毒惡業하야 成
유 지 여 시 계 정 혜 삼 종 등 법 고　초 피 삼 독 악 업　성

佛道也니 能制三毒하면 諸惡이 消滅故로 名之爲斷이요
불 도 야　능 제 삼 독　제 악　소 멸 고　명 지 위 단

能持三聚淨戒하면 諸善이 名之爲修요 能斷惡修善하면
능 지 삼 취 정 계　제 선　명 지 위 수　능 단 악 수 선

　보살마하살이 과거에 보살이 되기 위하여 보살행을 닦
을 때 삼독을 물리치기 위하여 세 가지 서원을 내어 삼취
정계를 지니셨느니라.
　항상 계를 닦는 것은 탐욕의 독을 물리쳐 온갖 악을 끊어
야겠다고 맹세하는 것이고, 항상 선정을 닦는 것은 성내는
마음을 물리쳐
온갖 선을 닦아야겠다고 맹세하는 것이고, 항상 지혜를 닦
는 것은 어리석음을 물리쳐 일체중생을 제도하여야겠다고
맹세한 것이기 때문이니라.
　이와 같이 계·정·혜의 세 가지 법을 지키므로 삼독의
악업을 벗어나 불도를 이룰 수 있으니 삼독을 누르면 모든
악이 소멸되므로 「끊는다」라고 이름하고 삼취정계를 지니
면 모든 선이 두루 갖추어지므로 「닦는다」고 이름하며, 악
을 끊고 선을 닦으면

萬行이 成就하며 自他 俱利하야 普濟群生故로 名之爲
만행　성취　　자타구리　　　보제군생고　　명지위

度니 故知所修戒行이 不離於心이로다
도　고지소수계행　　불리어심

온갖 수행이 이루어져 자기와 남을 모두 이롭게 하여 널리 중생을 제도하므로 「건넌다」하느니라.

그러므로 알아라.

계행을 닦는 것도 마음을 떠나서 있는 것이 아니니라.

心淨則佛土淨
심 정 즉 불 토 정

若自心이 淨하면 一切衆生이 悉皆淸淨이니라 故로 經에
약 자 심   정   일 체 중 생   실 개 청 정   고   경

云하사대 心垢則衆生垢요 心淨則衆生淨이라하시고
운   심 구 즉 중 생 구   심 정 즉 중 생 정

又云하사대 欲淨佛土인댄 先淨其心이니 隨其心淨하야
우 운   욕 정 불 토   선 정 기 심   수 기 심 정

則佛土淨이라하시니 若能制得三種毒心하면 三聚淨戒를
즉 불 토 정   약 능 제 득 삼 종 독 심   삼 취 정 계

自能成就하리라
자 능 성 취

마음이 깨끗하여지면 불국토도 깨끗하여 진다.

자신의 마음이 깨끗하여 지면 중생들의 마음이 모두 깨
끗하여 지느니라.

그러므로 경에서 말씀하시기를

'마음이 더러우면 중생이 더러워지고, 마음이 깨끗하면
중생이 깨끗하여진다' 하셨으며 또 말씀하시기를

'불국토를 깨끗이 하려면 먼저 마음을 깨끗이 하여라.

마음이 깨끗하여 지면 곧바로 불국토가 깨끗하여진다'
하신 것이니라. 삼독의 마음을 누를 수 있으면 삼취정계를
자연히 성취하리라."

重明六度
중 명 육 도

問曰 六度者는 所謂布施持戒忍辱精進禪定智慧어늘
문왈 육도자 소위보시지계인욕정진선정지혜

今言六根淸淨을 名爲六波羅密이라하시니 其義云何니꼬
금언육근청정 명위육바라밀 기의운하

答曰 欲修六度인댄 當淨六根이요 欲淨六根인댄 先降
답왈 육수육도 당정육근 욕정육근 선항

六賊이니 能捨眼賊하면 離諸色境하야 心無慳悋일새 名
육적 능사안적 이제색경 심무간린 명

爲布施요 能禁耳賊이면 於彼聲塵에 不令縱逸일새
위보시 능금이적 어피성진 불령종일

육도(六度)를 거듭 밝히다.

또 여쭙기를

"육도라는 것은 이를테면 보시·지계·인욕·정진·선정·지혜입니다. 그런데 방금 말씀하시기를 육근을 청정하게 하는 것을 육도(육바라밀)라 하셨습니다. 그 뜻이 무엇입니까?" 하니 대답을 하셨다.

"육도를 닦고자 하면 당연히 육근을 깨끗이 하여야 하고 육근을 깨끗이 하려면 먼저 육적을 항복시켜야 하기 때문이니라. 눈으로 봄으로 인해 생기는 번뇌를 버리면 눈으로 보는 모든 대상을 여의어 마음에 인색함이 없어지므로 보시라 하고, 귀로 들음으로 인해 생기는 번뇌를 여의면 소리의 경계에 끌려 다니지 않으므로

名爲持戒요 能伏鼻賊하면 等諸香臭하야 自在調柔할새
名爲忍辱이요 能制舌賊하면 不貪邪味하며 讚詠講說호대
心無厭心일새 名爲精進이요 能伏身賊하면 於諸觸欲에
湛然不動일새 名爲禪定이요 能調意賊하면 不順無明하고
常修佛慧하야 樂諸功德일새 名爲智慧니라
又度者는 運也니 六波羅密은 喻若船筏이어든 能運衆
生하야 達彼岸故로 云六度니라

지계라 하며, 냄새를 맡으므로 인해 생기는 번뇌를 항복시키면 향기나 악취에 상관없이 유연하고 자유로우므로 인욕이라 하고, 맛봄으로 인해 생기는 번뇌를 누르면 삿된 맛을 탐내지 않으며 칭송하고 설법하되 게을리 하는 마음이 없으므로 정진이라 하며, 몸으로 인해 생기는 번뇌를 항복시키면 촉욕(부드러운 의복이나 상대의 피부에 접촉하고 싶은 욕망)에 대하여 초연하여 움직이지 않으므로 선정이라 하고, 생각(인식)으로 일어나는 번뇌를 조복시키면 무명을 따르지 않고 항상 부처님의 지혜를 닦아 공덕을 즐기므로 지혜라 하느니라.

또 도(度)라 하는 것은 운반한다는 뜻이니라.

육바라밀은 또한 배나 뗏목 같은 것이라 중생을 운반하여 저 언덕에 이르게 하므로 육도라 하느니라.”

明法乳
명 법 유

又問曰 佛이 曾飮三斗六升乳塵하시고 方成佛道라하시니
우문왈 불 증음삼두육승유진 방성불도

豈唯觀心하야 而得解脫이리까 答曰 佛所說食乳者는
기유관심 이득해탈 답왈 불소설식유자

非是世間不淨之乳라 乃是眞如之淸淨法乳니라
비시세간부정지유 내시진여지청정법유

三斗者는 三聚淨戒요 六升者는 六波羅密이니 佛이
삼두자 삼취정계 육승자 육바라밀 불

成道時에 由食此淸淨法乳하야 方證佛果어늘
성도시 유식차청정법유 방증불과

법유를 밝히다.

또 여쭙기를

"부처님께서 서말 여섯 되의 우유를 마시고서야 불도를 이루셨다 하셨는데 어찌하여 마음을 관(觀)하기만 하면 해탈할 수 있다 하십니까?" 하니 대답을 하셨다.

"부처님께서 마셨다고 하는 것은 세상의 부정한 젖이 아니라, 진여의 청정한 법유(法乳 : 어머니의 젖으로 아이가 성장하듯이 스승의 가르침으로 제자가 진보하므로 그 가르침을 법유라 함) 이니라.

서말이라 하는 것은 삼취정계이고, 여섯 되라 하는 것은 육바라밀이니라. 부처님이 도를 이루실 때에 이 청정한 법의 젖을 마신 까닭에 불과(佛果)를 깨달으셨는데

若言如來 食於世間의 飮欲和合不淨羶腥之乳者라하면
약언여래 식어세간 음욕화합부정전성지유자

豈不成謗之甚乎아 如來者는 自是金剛不壞無漏之眞
기불성방지심호 여래자 자시금강불괴무루지진

身이라 永離世間苦어니 豈須如是不淨之乳하야 以免
신 영리세간고 기수여시부정지유 이면

飢渴也리요 如經所說하야 此牛는 不在高原하며 不在
기갈야 여경소설 차우 부재고원 부재

下濕하며 不食粟麥糠麩하며 不與特牛로 同群이라 身
하습 불식속맥강부 불여특우 동군 신

作紫磨金色이라하시니라 言此牛者는 則光明遍照佛也시니
작자마금색 언차우자 즉광명편조불야

以大慈悲로 憐愍一切하사 於淸淨法體中에
이대자비 연민일체 어청정법체중

여래께서 세상의 육욕으로 이루어진 더럽고 비리며 누린
내 나는 젖을 마셨다 하면 비방이 지나치지 않겠느냐.

여래라 함은 금강과 같이 부수어지지 않으며 번뇌가 없
는 진실한 몸이라 세간의 괴로움을 영원히 여의었는데 어
찌 이같이 깨끗하지 못한 우유가 필요하겠으며, 이것으로
어찌 배고품과 목마름을 면하였겠느냐.

경에서 말씀하신 것처럼 이 소는 높은 곳에 있는 것도 아
니고, 낮은 습지에 있는 것도 아니니라.

좁쌀이나 보리나 겨나 밀기울을 먹는 것도 아니며 무리
와 같지 않은 특별한 소로 그 몸은 자색을 띈 황금색이니
라. 이 소라 하는 것은 다름이 아니라 광명을 두루 비추시
는 부처님이시니라.

대자대비로 일체를 가엾게 여기시어 청정한 법의 육체
에서

流出如是三聚淨戒와 六波羅密微妙法乳하사 乳養一
유출여시삼취정계　　육바라밀미묘법유　　유양일

切求解脫者하시니 非獨如來 飮之成道라 一切衆生이
체구해탈자　　　　비독여래 음지성도　　일체중생

若能飮者면 皆得無上正眞之道리라
약능음자　 개득무상정진지도

이와 같은 삼취정계와 육바라밀의 미묘한 젖을 내어 해탈
을 구하는 모든 이를 먹여 기르시니 여래만이 마셔서 도를
이루는 것이 아니라 모든 중생이 마시기만 하면 모두 위없
이 바르고 참된 도를 얻는 것이니라."

修造聖殿
수 조 성 전

又問曰 經中에 修造聖殿하며 鑄寫聖像하며 燒香散
우 문 왈　경 중　　수 조 성 전　　　주 사 성 상　　　소 향 산

花하며 燃長明燈하며 日夜六時로 行道禮拜持齋하야
화　　　연 장 명 등　　일 야 육 시　　행 도 예 배 지 재

修種種功德하면 皆成佛道라하야시늘 唯觀心一法이 總
수 종 종 공 덕　　개 성 불 도　　　　　유 관 심 일 법　　총

攝諸行云者는 必虛妄也니라 答曰 一切衆生이 鈍根狹
섭 제 행 운 자　필 허 망 야　　답 왈　일 체 중 생　　둔 근 협

劣하야 不悟深深妙理할새 無數方便으로 引導衆生하사대
렬　　불 오 심 심 묘 리　　무 수 방 편　　인 도 중 생

성전을 바르게 지어라.

또 여쭙기를

"경전을 보면 성전을 짓거나 부처님의 모습을 만들거나 향을 사르거나 꽃을 흩거나 장명등(밤낮으로 밝히는 등불)을 켜거나 밤낮 여섯 차례 예불을 하거나 재계를 지키는 등 온갖 공덕을 닦으면 모두 불도를 이룬다 하셨는데 오로지 마음을 관하는 한 가지 법이 모든 수행을 다 닦는 것과 같다고 하신 말씀은 반드시 허망한 말씀일 것입니다." 하니 대답을 하셨다.

"중생들은 우둔하여 지혜가 좁고 용렬하며 깊고도 깊은 묘한 이치를 깨닫지 못하므로 수도 없는 방편으로 중생들을 인도하시려고

假有爲事_{하야} 現無爲理_{하시니} 汝知之否_아 不修內行_{하고}
가 유 위 사   현 무 위 리   묘 지 지 부   불 수 내 행

唯只外求_{하며} 希生福報_가 無有是處_{니라}
유 지 외 구   희 생 복 보   무 유 시 처

言伽籃者_는 梵語_{어든} 此言_에 淸淨處也_니 若永除三
언 가 람 자   범 어   차 언   청 정 처 야   약 영 제 삼

毒_{하야} 常淨六根_{하며} 身心_이 湛然_{하야} 內外淸淨_{하면}
독   상 정 육 근   신 심   잠 연   내 외 청 정

是則修伽籃也_{니라}
시 즉 수 가 람 야

유위의 일을 빌려 무위의 이치를 나타내신 것인데 그대가 어찌 알 수 있겠느냐?

안으로 수행하지 않고 밖으로만 구하며 복을 바라는 것은 옳지 못한 것이니라.

가람이라는 말은 범어인데 이 말은 청정한 곳이라는 뜻이니라.

삼독을 영원히 없애어 육근을 항상 깨끗이 하며 몸과 마음을 편안히 하여 안과 밖이 청정하면 이것이 곧 가람을 짓는 것이니라.

鑄寫佛像
주 사 불 상

又鑄寫佛像者는 卽一切衆生이 求佛道也니 所謂修
우 주 사 불 상 자　　즉 일 체 중 생　　구 불 도 야　　소 위 수

諸覺行호대 假像如來眞容妙相이라 豈道鑄金銅之所作
제 각 행　　가 상 여 래 진 용 묘 상　　기 도 주 금 동 지 소 작

也리요 是故로 求解脫者는 以身으로 爲爐하고 以法으로
야　　시 고　　구 해 탈 자　　이 신　　위 로　　이 법

爲火하고 以智慧로 爲工匠하고 以三聚淨戒와 六波羅
위 화　　이 지 혜　　위 공 장　　이 삼 취 정 계　　육 바 라

密로 爲模樣하야 鎔鍊身中眞如佛性하야
밀 로　위 모 양　　용 련 신 중 진 여 불 성

불상을 조성하는 법

　또 부처님의 모습을 만들거나, 그린다는 것은 중생들이 불도를 구하는 것으로
이를테면 온갖 각행(覺行 : 스스로 깨닫고 다른 이를 깨닫게 하는 보살의 불도 수행)을 닦으며 여래의 참 모습과 묘한 모습을 빌리는 것이지 어찌 금이나 구리를 부어 만든 것을 말하겠느냐?
　그러므로 해탈을 구하는 자는 자신의 몸을 화로로 삼고, 법을 불로 삼고,
지혜를 공장(工匠 : 물건을 만드는 것을 업으로 삼는 사람) 으로 삼고, 삼취정계와 육바라밀을 모양(형태)으로 삼아 몸 속에 있는 진여불성을 녹이고

遍入一切戒律模中하야 如敎奉行호대 一無缺漏하면
편입일체계율모중　　여교봉행　　일무결루

自然成就眞容之相하나니 所謂 究竟常住微妙法身이라
자연성취진용지상　　소위 구경상주미묘법신

非是有爲敗壞之法이니라
비시유위패괴지법

若人이 求道호대 不解鑄寫眞容하면 憑何輒言成功德
약인　구도　불해주사진용　　빙하첩언성공덕

也리요
야

다스려 온갖 계율의 틀 속으로 들어가 가르침대로 받들어 행하되 하나도 빠짐없이 하면 저절로 참된 모습을 이룰 수 있으리라.

　이른바 궁극의 경지이며 항상 머무르는 미묘한 법신인지라 언젠가는 무너지는 유위의 모습이 아니니라.

　사람들이 도를 구하면서 참모습을 만들거나 그릴 줄 모르면 무엇으로 공덕을 이룬다고 말할 수 있겠느냐.

五分香
오 분 향

燒香者는 亦非世間有相之香이라 乃是無爲正法之香이니
소 향 자　역 비 세 간 유 상 지 향　내 시 무 위 정 법 지 향

薰諸臭穢하며 斷無明惡業하야 悉令消滅이니라 其正法
동 제 취 예　단 무 명 악 업　실 령 소 멸　기 정 법

香者는 有五種하니 一者는 戒香이니 所謂能斷諸惡하고
향 자　유 오 종　일 자　계 향　소 위 능 단 제 악

能修諸善이요 二者는 定香이니 所謂深信大機하야 心
능 수 제 선　이 자　정 향　소 위 심 신 대 기　심

無退轉이요 三者는 慧香이니 所爲常於身心에 內外觀
무 퇴 전　삼 자　혜 향　소 위 상 어 신 심　내 외 관

오분 법신을 향에 비유하다.

　향을 피운다는 것도 세상에 있는 향이 아니라 무위(생멸 변화를 넘은 상주절대의 진실) 정법(正法 : 올바른 진리)의 향이니라. 온갖 더러운 냄새를 물리치고 무명과 악업을 끊어 모두 없어지게 하는 것이니라.

　그 정법의 향은 다섯 가지가 있느니라.

　첫째는 계향인데, 말하자면 모든 악을 끊고 모든 선을 닦는 것이니라.

　둘째는 정향인데, 대기(大機 : 禪의 깊은 경지에 이끌어 들어가게 하는 커다란 움직임)를 깊이 믿어 마음이 물러남이 없는 것을 말하느니라.

　셋째는 혜향인데, 항상 몸과 마음을 안팎에서 관찰하는

察이요 四者는 解脫香이니 所謂能斷一切無明結縛이요
찰   사자   해탈향   소위능단일체무명결박

五者는 解脫知見香이니 所謂覺察이 常明하야 通達無
오자   해탈지견향   소위각찰   상명   통달무

礙니라 如是五香이 名最上香이라 世間에 無比니 佛이
애   여시오향   명최상향   세간   무비   불

在世日에 令諸弟子로 燒如是無價寶香하야 進供十方
재세일   영제제자   소여시무가보향   진공시방

一切如來어늘 今時衆生이 愚痴鈍根하야 不解如來眞
일체여래   금시중생   우치둔근   불해여래진

實之義하고 唯將外火하야 燒於世間沉檀薰陸質礙之
실지의   유장외화   소어세간침단훈륙질애지

香하야 希望福報하니 云何可得이리요
향   희망복보   운하가득

것을 말하며, 넷째는 해탈향인데, 온갖 무명의 결박을 끊는 것을 말하고, 다섯째는 해탈지견향인데, 느끼고 살피는 것이 항상 분명하여 걸림없이 통달하는 것을 말하느니라.

이 다섯 가지 향은 세상에서 가장 높은 향이라 견줄 것이 없느니라.

부처님이 세상에 계셨을 때 제자들로 하여금 이와 같이 값진 향을 사루어 시방의 모든 부처님께 공양하라 하셨는데 요즈음의 중생들은 어리석고 둔하여 여래의 진실한 뜻을 이해하지 못하고 오직 밖의 불로 세간의 침단이나 훈륙 등 형체가 있는 향을 사르며 복을 바라니 어찌 얻을 수 있겠느냐!

散花
산 화

又散花者도 義亦如是하니 所爲演說正法諸功德花하야
우 산 화 자   의 역 여 시   소 위 연 설 정 법 제 공 덕 화

饒益有情하며 散治一切眞如之性하야 普施莊嚴이니
요 익 유 정   산 치 일 체 진 여 지 성   보 시 장 엄

此諸功德花는 佛所稱嘆이라 無凋落期하니라 若復有
차 제 공 덕 화   불 소 칭 탄   무 조 락 기   약 부 유

人이 散如是花하면 獲福無量이어니와 若言如來 令諸弟
인   산 여 시 화   획 복 무 량   약 언 여 래 영 제 제

子와 及衆生等으로 剪截艷綠하며 傷損草木하야
자   급 중 생 등   전 절 염 록   상 손 초 목

꽃을 뿌리는 것

꽃을 뿌린다는 것도 그 이치가 이와 같느니라.

이른바 정법의 공덕 꽃을 널리 설하여 유정(생명을 가지고 있는 것)들을 이롭게 하고
온갖 진여의 성품을 다스려서 훌륭한 것을 두루 베푸는 것이니라.

이 공덕의 꽃은 부처님께서 찬탄하신 것이라 시들거나 떨어지지 않느니라.

만약에 어떤 사람이 이와 같은 꽃을 뿌리면 한량없는 복을 받을 것이니라.

그런데 만일 여래께서 제자와 중생들로 하여금 곱고 파릇파릇한 것을 가위로 잘라 초목을 상하게 하면서까지

以爲散花_{라하면} 無有是處_{니라}
이 위 산 화　　　　무 유 시 처

所以者何_오 持淨戒者_는 於諸天地森羅萬像_에 不令
소 이 자 하　　지 정 계 자　　어 제 천 지 삼 라 만 상　　불 령

觸死_니
촉 사

誤損者_도 猶獲大罪_온 況復今者_에 加毁淨戒_{하며} 損
오 손 자　　유 획 대 죄　　황 부 금 자　　가 훼 정 계　　　손

傷萬物_{하야} 求於福報_{리오} 欲益反損_{이라} 豈有是乎_아
상 만 물　　구 어 복 보　　욕 익 반 손　　기 유 시 호

꽃을 뿌리게 하셨다고 말한다면 옳지 못한 것이니라.
　왜냐하면 계율을 바르게 지키는 자는 하늘과 땅 사이에 있는 일체의 모든 물건을 범하거나 죽이지 않아야 하기 때문이니라.
　잘못하여 상하게 하는 것도 큰 죄를 받는데 하물며 요즘 사람들처럼 청정한 계율을 무너뜨리고, 만물을 손상시키며 복을 구하는 것이야 말할 것이 있겠느냐.
　이익을 바라지만 오히려 손해가 되는지라 어찌 옳은 일이라 하겠느냐?

明燈
명 등

又長明燈者는 正覺心也니 覺之明了를 喩之爲燈이니라
우 장 명 등 자　정 각 심 야　각 지 명 료　유 지 위 등

是故로 一切求解脫者는 常以身으로 爲燈臺하고 以心으로
시 고　일 체 구 해 탈 자　상 이 신　위 등 대　이 심

爲燈盞하고 以信으로 爲燈炷하고 以戒香으로 爲燈油하고
위 등 잔　이 신　위 등 주　이 계 향　위 등 유

以智慧明達로 爲燈光하나니 常燃如是覺燈하야 炤破
이 지 혜 명 달　위 등 광　상 연 여 시 각 등　조 파

一切無明痴暗이니라 能以此法으로 轉相開悟하면
일 체 무 명 치 암　능 이 차 법　전 상 개 오

등불을 밝히다.

또 장명등(밤낮으로 항상 밝히는 등불)이라 하는 것은 바르게 깨닫는 마음이니라.

확실한 깨달음을 등에 비유한 것이니라.

그러므로 해탈을 구하는 사람들은 항상 몸을 등 받침으로 삼고, 마음을 등잔으로 삼고, 믿음을 심지로 삼고, 계향(계율을 지키는 것과 그 공덕이 사방으로 퍼지는 것을 향에 비유한 말)을 기름으로 삼고, 지혜가 밝아지는 것을 등불로 삼아야 하느니라.

항상 이와 같은 깨달음의 등을 켜서 온갖 무명과 어리석음과 어두움을 없애버려야 하느니라.

이 법으로 차례대로 깨달으면

卽是一燈이 燃百千燈호대 燈燈續明하야 終無盡故로
즉 시 일 등　　연 백 천 등　　등 등 속 명　　　종 무 진 고

號를 長明燈이니라 過去에 有佛호대 名曰 燃燈이시니
호　　장 명 등　　　과 거　　유 불　　명 왈 연 등

義亦如是어늘 愚痴衆生이 不會如來의 方便之說하고
의 역 여 시　　우 치 중 생　　불 회 여 래　　방 편 지 설

專行虛妄하며 執着有爲할새 遂然世間蘇油之燈하야
전 행 허 망　　집 착 유 위　　수 연 세 간 소 유 지 등

以照空室하고 乃稱依教라하나니 豈不謬乎아 所以者何오
이 조 공 실　　내 칭 의 교　　　기 불 류 호　　소 이 자 하

佛이 放眉間一毫之光하야도 尙照十萬八千世界하며
불　　방 미 간 일 호 지 광　　상 조 십 만 팔 천 세 계

若身光이 盡現則普照十方하나니 豈假如是世俗之燈하야
약 신 광　　진 현 즉 보 조 시 방　　기 가 여 시 세 속 지 등

以爲利益이리오 審察斯理하면 應不然乎아
이 위 이 익　　심 찰 사 리　　응 불 연 호

곧 하나의 등으로 백천등을 켜되 등과 등이 차례대로 밝아
져 끊어짐이 없으므로 장명등이라 하느니라. 과거에 부처
님이 계셨는데 명호가 연등이셨느니라.

　이치가 이러하거늘 어리석은 중생들은 여래가 방편으로
말씀하신 것을 이해하지 못하고 오로지 허망한 짓만 하고
유위에 집착하기 때문에 세간의 소유등을 켜서 빈방을 비
추는 것으로 가르침 대로 행한다하니 어찌 잘못이 아니겠
느냐. 왜냐하면 부처님이 눈썹사이의 한 터럭으로 광명을
놓으셔도 일만 팔 천 세계를 비추셨으며 몸의 광명이 모두
나타나면 시방세계를 두루 다 비추시니 어찌 이 같은 세속
의 등으로 이익이 되겠느냐. 이런 이치를 자세히 살피면
당연히 그렇지 않음을 알 수 있으리라.

行道
행 도

又六時行道者는 所謂六根之中에 常行佛道니 修諸
우 육 시 행 도 자　　소 위 육 근 지 중　　상 행 불 도　　수 제

覺行하야 調伏六根하야 長時不捨를 名爲六時行道니라
각 행　　조 복 육 근　　장 시 불 사　　명 위 육 시 행 도

塔者는 身心也니 常令覺慧로 巡遶身心을 名爲遶塔이니라
탑 자　신 심 야　상 령 각 혜　순 요 신 심　명 위 요 탑

過去諸聖이 曾行此道하야 得涅槃이어늘 世人이 不會
과 거 제 성　증 행 차 도　　득 열 반　　세 인　　불 회

斯理하니 何名行道리요
사 리　　하 명 행 도

불도를 수행하는 것

　또 하루 여섯 차례 불도를 수행한다 하는 것은 이른바, 육근 안에서 항상 불도를 수행한다는 것이다.

　온갖 각행(스스로 깨닫고 다른 이를 깨닫게 하는 보살의 불도수행, 보리행)을 닦아 육근을 편안하게 다스려서 편안하게 다스려진 것을 영원히 버리지 않는 것을 여섯 차례 도를 행하는 것이라 하느니라.

　탑이라는 것은 몸과 마음이니 각혜(사고하고 분별하는 지혜의 힘)로 하여금 몸과 마음을 두루 돌게 하는 것을 탑돌이라고 하느니라. 과거의 부처님들도 이 도를 행하여 열반을 얻으셨는데 세상사람들이 이 이치를 알지 못하니 어찌 도를 행한다 하리요.

鈍根之輩는 不曾內行하고 唯報外求하야 遶世間塔호대
둔 근 지 배　　부 증 내 행　　유 보 외 구　　요 세 간 탑

日夜走驟하나니 徒自疲勞라
일 야 주 취　　　　도 자 피 로

而於眞性에 一無利益이니 甚可憐愍이로다
이 어 진 성　　일 무 리 익　　심 가 연 민

　　우둔한 무리들은 안으로의 수행은 하지 않고 오직 밖으로만 구하느라 세간의 탑을 밤낮으로 쉬지 않고 분주히 돌기만 하니 공연히 피곤하기만 하지 진실한 본성에는 하나도 이익이 되지 않으니 매우 가엾은 일이로다.

齋戒
재　계

又 持齋의 齋者는 濟也니 所謂勤治身心하야 不令散
우 지재　재자　제야　소위근치신심　불령산

亂이요 持者는 護也니 所謂於諸戒行에 如法護持호대
난　지자　호야　소위어제계행　여법호지

必須禁六情而制三毒하며 勤修覺察而淨其心이니 了
필수금육정이제삼독　근수각찰이정기심　요

如是義者라사 可名爲齋니라
여시의자　가명위재

몸과 마음을 깨끗이 하는 것

또 재(齋 : 신·구·의의 3가지 행위를 삼가하여 몸을 깨끗이 하는 것)를 지닌다 하는 것에서「재」라 하는 것은 몸과 마음을 부지런히 다스려 어지럽지 않게 한다는 것이고「지닌다」하는 것은 보호한다는 것으로 모든 계행을 법대로 지키되 반드시 육정(喜·怒·哀·樂·愛·惡 : 기뻐하고, 성내고, 슬퍼하고, 즐거워하고, 사랑하고, 미워하는 여섯 가지 감정)을 붙들어 매고 삼독을 눌러, 깨닫고 살피는 행을 부지런히 닦아서 그 마음을 깨끗이 하여야 한다는 것이니라.

이러한 이치를 깨달아야「재」를 지킨다 말 할 수 있느니라.

齋食
재 식

又齋食者는 食有五種하니 一者는 法喜食이니 依如來
우 재 식 자　　식 유 오 종　　　일 자　　법 희 식　　　의 여 래

正法하야 歡喜奉行이요 二者는 禪悅食이니 內外澄寂하야
정 법　　환 희 봉 행　　　이 자　　선 열 식　　　내 외 징 적

身心悅樂이요 三者는 念食이니 常念諸佛하야 心口相應이요
신 심 열 락　　삼 자　　염 식　　상 념 제 불　　심 구 상 응

四者는 願食이니 行住坐臥에 常行善願이요 五者는 解脫
사 자　　원 식　　행 주 좌 와　　상 행 선 원　　　오 자　　해 탈

食이니 心常淸淨하야 不染世塵일새 名爲齋食이니라
식　　심 상 청 정　　　불 염 세 진　　　명 위 재 식

재식 (齋食:공양하는 것)

　또 공양에는 다섯 가지가 있느니라.

　첫째는, 가르침을 맛보고 기뻐하는 법희식인데 여래의
정법에 의지하여 기쁜 마음으로 받들어 행하는 것이고,

　둘째는, 선열식인데 안팎이 맑고 고요하여 몸과 마음이
즐거운 것이고, 셋째는, 염식(念食)인데 항상 부처님들을
생각하여 마음과 입이 상응하는 것이고,

　넷째는, 원식인데 언제 어디서나 무엇을 할 때라도(행·
주·좌·와) 항상 선한 일을 서원하는 것이고,

　다섯째는, 해탈식인데 마음을 항상 깨끗이 하여 세상의
번뇌에 물들지 않게 하는 것이니라.

　이것을 재식(齋食)이라 하느니라.

斷食
단 식

又斷食者는 斷無明惡業之食이어늘
우 단 식 자　　단 무 명 악 업 지 식

迷人이 不悟斯理하고 身心放逸하야 造諸惡業하여
미 인　　불 오 사 리　　　신 심 방 일　　　조 제 악 업

貪恣情慾하야 不生慙愧하고
탐 자 정 욕　　불 생 참 괴

唯斷外食하야 自然持齋라하나니 何異痴兒가 見爛壞死
유 단 외 식　　자 연 지 재　　　　하 이 치 아　　견 란 괴 사

屍하고 稱言有命이리요 必無是處니라
시　　칭 언 유 명　　　필 무 시 처

식사를 하지 않는다는 것

또 단식을 한다는 것도 무명과 악업의 음식을 끊는다는 것인데 어리석은 사람들은 이 이치를 깨닫지 못하고 심신을 함부로 하여 온갖 악업을 지으며, 여러 가지 욕망에 깊이 빠져 부끄러워 할 줄 모르면서 음식만 먹지 않으면 자연히 계율을 지키는 것이라 하니, 철이 없는 아이가 썩어 문드러진 시체를 보고 살아있는 사람이라고 말하는 것과 무엇이 다르겠느냐.

지극히 옳지 못한 일이니라.

禮拜
예 배

禮拜者는 常如法也니 理體는 內明하고
예배자　상여법야　이체　내명

事相은 外變이어든 理不可捨어니와 事有行藏하나니 會
사상　외변　이불가사　사유행장　회

如是義하야사 乃名依法이니라 夫禮者는 敬也요 拜者는
여시의　내명의법　부예자　경야　배자

伏也니 恭敬眞性하고 屈伏無明이라야 名爲禮拜니라 以
복야　공경진성　굴복무명　명위예배　이

恭敬故로 不敢毀傷하고 以屈伏故로 無令縱逸하나니
공경고　불감훼상　이굴복고　무령종일

예배하는 법

　예배라는 것은 항상 법에 맞고 이치에 맞아야 하느니라.
　이체(理體 : 만유의 본체)는 안으로 밝지만 작용의 모습은 밖으로 변하므로 이치는 버릴 수 없지만 현상에는 드러나는 것과 숨은 것이 있느니라.
　이와 같은 도리를 알아야 비로소 법에 의지한다 할 수 있느니라.「예」라는 것은 공경한다는 것이고,「배」라는 것은 복종한다는 뜻이다.
　진실한 본성(진여, 법성)을 공경하고 무명을 굴복시키는 것을 예배라 하느니라.
　공경하기 때문에 감히 헐뜯지 못하고 굴복(항복)시키므로 제멋대로 못하게 하는 것이니라.

若能惡情이 永滅하고 善念이 恒存하면 雖不現相이나
약 능 악 정　　　영 멸　　　　선 염　　　항 존　　　　수 불 현 상

常爲禮拜니라 用之則現하고 捨之則藏이라 擧外明內는
상 위 예 배　　　용 지 즉 현　　　사 지 즉 장　　　거 외 명 내

唯性相이 相應也일새니라
유 성 상　　　상 응 야

若復唯執外相禮拜하면 內則縱於貪嗔하야 常行惡念하고
약 부 유 집 외 상 예 배　　내 즉 종 어 탐 진　　　상 행 악 념

外則空顯身相하야 假作敬禮하나니 何名禮拜리요 欺賢
외 즉 공 현 신 상　　　가 작 경 예　　　　하 명 예 배　　　기 현

誑聖이라 必不免於輪廻니라
광 성　　　필 부 면 어 윤 회

　나쁜 마음을 영원히 없애고 착한 생각을 항상 지닐 수 있
으면 겉으로 드러나는 것은 아니지만 항상 예배하고 있는
것이니라.

　수용하면 나타나고 버리면 감추어지는 것이라 밖의 행
동(밖의 예배)으로 안이 밝아지는 것은 성품과 모양이 서
로 상응한 것이기 때문이니라.

　바깥 모습의 예배에만 집착하면 안으로 탐·진·치의
마음을 제멋대로 풀어놓은 것이 되므로 항상 나쁜 생각을
하면서 겉으로만 절하는 모습을 보일 뿐이고 거짓으로 공
경하는 것이 되니 어찌 예배라 할 수 있겠느냐.

　현명한 사람을 홀리는 짓이고 성인을 속이는 짓이므로
반드시 윤회를 면하지 못할 것이니라.”

洗浴
세 욕

又問曰　溫室經에　云하되
우 문 왈　온 실 경　운

洗浴衆僧이면　得福無量이라하시니　若有觀心이면　可相應
세 욕 중 승　　득 복 무 량　　　　약 유 관 심　　하 상 응

不이까　答曰　洗浴衆僧者는　非說世間有爲之事也라
부　　답 왈　세 욕 중 승 자　비 설 세 간 유 위 지 사 야

此는　假諸事하사　譬喩眞宗하시니　隱說七事하리라
차　가 제 사　　비 유 진 종　　　은 설 칠 사

其七事者는　一者는　淨水요　二者는　燃火요
기 칠 사 자　일 자　정 수　이 자　연 화

목욕하는 법

　또 여쭙기를
　"「온실경」에서 말씀하시길 '스님들을 목욕시켜 드리면 한량없는 복을 얻는다' 하였는데 마음을 관(觀)하는 것으로 상응이 되겠습니까?"
　하니, 대답을 하셨다.
　"스님들을 목욕시켜 드린다는 것은 세간의 일을 말하는 것이 아니니라.
　이것은 세상의 일로 진실하고 위없는 가르침을 비유하신 것이며 은밀하게 일곱 가지 사물을 말씀하신 것이니라.
　그 일곱 가지를 말하자면 첫째는 깨끗한 물이고 둘째는 불을 피우는 것이고

三者는 澡豆요 四者는 楊枝요 五者는 淨灰요 六者는
酥膏요 七者는 內衣니라 用此七法하야 沐浴莊嚴하면
能除三毒無明垢穢하니라 其七法者는 一者는 法戒니
洗溫愆非호미 猶如淨水 去諸塵垢요 二者는 智慧니
觀察內外호미 猶如燃火 能溫淨水요 三者는 分別이니
揀棄諸惡호미 猶如澡豆 能淨垢膩요 四者는 眞實이니
斷諸妄語호미 猶如楊枝하야 能消口氣요

셋째는 비누며 넷째는 양지(치아를 닦는 도구)고 다섯째
는 깨끗한 재며 여섯째는 우유로 만든 기름이고 일곱째는
속옷이니라.

　이 일곱 가지로 목욕하고 단장하면 삼독과 무명과 때와
더러움을 없앨 수 있느니라.

　일곱 가지 법이라는 것은 첫째는 법과 계율이니라. 거짓
과 허물을 부드럽게 씻어내는 것이 마치 깨끗한 물로 때와
먼지를 씻어내는 것과 같기 때문이니라.

　둘째는 지혜인데 안과 밖을 자세히 살펴보는 것이 불을
피워 물을 따뜻하게 하는 것과 같기 때문이며 셋째는 분별
인데 나쁜 마음들을 가려내어 버려버리는 것이 비누로 끈적
거리는 더러움을 씻어내 깨끗하게 하는 것과 같기 때문이며
넷째는 진실인데 온갖 거짓말을 끊어버리는 것이 양치질을
하는 나무로 입안의 냄새를 없애는 것과 같기 때문이니라.

五者_는 正信_{이니} 決意無慮_가 猶如淨灰_로 摩身_{하야} 能
오 자   정 신   결 의 무 려   유 여 정 회   마 신   능

辟諸風_{이요} 六者_는 調息_{이니} 伏諸剛强_이 猶如酥膏_{하야}
벽 제 풍   육 자   조 식   복 제 강 강   유 여 수 고

通潤皮膚_요 七者_는 慚愧_니 悔諸惡業_이 猶如內衣_{하야}
통 윤 피 부   칠 자   참 괴   회 제 악 업   유 여 내 의

遮蔽醜形_{이니} 以上七事_가 幷是經中秘密之藏_{이어늘}
서 폐 추 형   이 상 칠 사   병 시 경 중 비 밀 지 장

今人_이 無能悟解_{로다}
금 인   무 능 오 해

其溫室者_는 則身_이 是也_니 以智慧火_로 溫淨戒湯_{하야}
기 온 실 자   즉 신   시 야   이 지 혜 화   온 정 계 탕

沐浴身中眞如佛性_{호대} 受持七法_{하야} 以自莊嚴_{이니라}
목 욕 신 중 진 여 불 성   수 지 칠 법   이 자 장 엄

   다섯째는 올바른 믿음인데 선을 행하고 악을 끊겠다는 결의를 하면 다시는 걱정이 없는 것이 깨끗한 재로 문지르면 풍병을 피할 수 있는 것과 같기 때문이며

여섯째는 호흡을 조절하는 것인데 억센 마음을 누르는 것이 우유로 만든 기름으로 피부를 윤택하게 하는 것과 같기 때문이며 일곱째는 부끄러워할 줄 아는 것인데 나쁜 짓을 뉘우치는 것이 마치 속옷이 추한 알몸을 감추어주는 것과 같기 때문인 것이니라.

   이상 일곱 가지가 모두 경전 속의 비밀한 가르침인데 요즈음 사람들이 깨닫지 못하는 것이니라.

   온실이라는 것은 곧 몸이니라.

   지혜의 불로 깨끗한 계율의 탕을 데워서 몸 속의 진여불성을 목욕시키되 일곱 가지 법으로 스스로를 단장하라는 것이니라.

當時比丘는 聰明利智일새 皆悟聖意하야 如說修行하고
당시비구 총명이지 개오성의 여설수행

功德成就하야 俱登聖果어니와 今時衆生은 愚痴鈍根이라
공덕성취 구등성과 금시중생 우치둔근

莫測斯事하고 將世間水하야 洗質碍身으로 自言依敎라하니
막측사사 장세간수 세질애신 자언의교

豈非誤也리요 且眞如佛性은 非是凡形이라
기비오야 차진여불성 비시범형

煩惱塵垢가 本來無相이어니 豈將碍水하야 洗無明身이리요
번뇌진구 본래무상 기장애수 세무명신

事不相應이어니 云何悟道리요 常觀此身이 本因貪慾하야
사불상응 운하오도 상관차신 본인탐욕

不淨所生이라 臭穢騈闐하야 內外充塞이니라
부정소생 취예변전 내외충색

　당시의 비구들은 총명하고 지혜가 뛰어났으므로 부처님의 뜻을 알아 설하신 대로 수행하고 공덕을 성취하여 모두 다 성인의 지위에 올랐는데 지금의 중생들은 어리석고 우둔하여 이 일을 알지 못하고 세간의 물로 육신을 씻는 것으로 가르침대로 하는 것이라 하니 그 어찌 잘못이 아니겠는가.

　또 진여불성은 세속의 모습이 아니고, 번뇌와 마음을 더럽히는 것은 본래 모습이 없는데 어찌 형체가 있는 물로써 번뇌가 있는 무명의 몸을 씻을 수 있겠으며 사리에 맞지 않으니 어떻게 도를 깨달을 수 있겠느냐?

　항상 이 육신은 탐욕으로 인하여 부정하게 생겨난 것이라 냄새나고 더러운 것이 뒤섞여 안팎에 가득한 것이라고 관(觀)할지니라.

若洗此身하야 求於淨者는 猶如洗泥에 終無得淨이니
약세차신　　구어정자　　유여세니　　종무득정

如此驗之컨대 明知外洗가 非佛說也니라
여차험지　　명지외세　　비불설야

　이 몸을 씻어 깨끗하기를 바란다면 진흙을 씻어봐야 깨
끗해 질 수 없는 것과 같으니라.
　이것으로 알 수 있듯이 껍데기를 씻는 것은 부처님의 말
씀이 아님을 분명히 알지니라."

明念佛
명 염 불

達磨答念佛問曰 夫念佛者는 當修正念이니 了義로
달 마 답 염 불 문 왈   부 염 불 자   당 수 정 념   요 의

爲正이요 不了義로 爲邪니라 正念은 必得眞樂이어니와
위 정   불 요 의   위 사   정 염   필 득 진 락

邪念은 云何達彼리요 佛者는 覺察身心하야 勿令起惡이요
사 념   운 하 달 피   불 자   각 찰 신 심   물 령 기 악

念者는 憶也니 憶持戒行하야 不忘精勤이라 了如是義하야사
염 자   억 야   억 지 계 행   불 망 정 근   요 여 시 의

名爲正念이니 故知念在於心이요 不在於言也니라
명 위 정 념   고 지 념 재 어 심   부 재 어 언 야

염불의 의미를 밝히다.

달마대사께서 염불에 대한 물음에 대답하셨다.

"염불이라는 것은 바른 생각을 닦는 것이니라.

지극한 대승의 도리를 바르다 하고 그렇지 못한 것을 삿되다 하는데 바른 생각은 반드시 참된 즐거움을 얻겠지만 삿된 생각이 어찌 그것을 통달(통달, 정통, 이해)하리요.

「불」이라는 것은 몸과 마음을 깨우치고 살펴서 악이 일어나지 않게 하는 것이고「념」이라는 것은 기억한다는 것이니라. 계행을 기억해 지니며 잊지 않고 부지런히 노력하는 것이니라. 이런 이치를 알아야 바른 생각이라 하느니라. 그러므로 생각은 마음에 있는 것이지 말에 있는 것이 아님을 분명히 알지니라.

因筌求魚에 得魚忘筌이요 因言得意에 得意忘言이니
인 전 구 어　득 어 망 전　인 언 득 의　득 의 망 언

旣稱念佛之名인댄 須行念佛之體니라 若念無實體하고
기 칭 염 불 지 명　수 행 염 불 지 체　약 념 무 실 체

口誦空名이면 徒自虛空이라 有何成益이리요 且如誦之
구 송 공 명　도 자 허 공　유 하 성 익　차 여 송 지

與念이 名義懸殊하니 在口曰 誦이요 在心曰 念이니라
여 념　명 의 현 수　재 구 왈 송　재 심 왈 념

故知念從心起라 名爲覺行之門이요 誦在口中이라
고 지 념 종 심 기　명 위 각 행 지 문　송 재 구 중

卽是音聲之相이니 執相求福이 終無是乎인저
즉 시 음 성 지 상　집 상 구 복　종 무 시 호

　통발로 고기를 잡는데 고기를 잡으면 통발을 잊어버리고 말로 뜻을 얻는데 뜻을 알고 나면 말을 잊어버리듯이 염불이라는 이름을 붙였으면 염불의 실체를 행하여야 하느니라.

　만약 생각에 실체(진실한 것)가 없이 입으로 헛된 명호만 부른다면 아무 것도 아닌 것이니 무슨 이익이 있겠느냐.

　또 외운다는 것과 생각한다는 것은 이름이나 뜻이 천지 차이이이듯이 입에 있으면 외운다하고 마음에 있으면 생각한다 하는 것이니라.

　그러므로 생각은 마음에서 일어나는지라 각행의 문이고 외우는 것은 입 속에 있는지라 음성일 뿐이라는 것을 분명히 알지니라.

　상에 집착하여 복을 구하는 것은 옳지 못한 것이니라.

會相歸心
회 상 귀 심

故로 經에 云하사대 凡所有相이 皆是虛妄이라하시고
고 경 운 범 소 유 상 개 시 허 망

又云하사대 若以色見我커나 以音聲求我하면 是人은 行
우 운 약 이 색 견 아 이 음 성 구 아 시 인 행

邪道라 不能見如來라하시니 以此觀之컨댄 乃知事相은
사 도 불 능 견 여 래 이 차 관 지 내 지 사 상

非眞正也로다 故知하라 過去諸聖의 所修功得은 皆非
비 진 정 야 고 지 과 거 제 성 소 수 공 득 개 비

外說이라 唯只論心이니라
외 설 유 지 논 심

형상은 마음으로 돌아감을 알아라.

그러므로 경에 말씀하시길 '범소유상 개시허망(凡所有相 皆是虛妄 : 무릇 형상이 있는 것은 모두다 허망하다)이라'하셨고 또 '약이색견아 이음성구아 시인행사도 불능견여래 (若以色見我 以音聲求我 是人行邪道 不能見如來 : 만약에 모습으로 나를 보려하거나 음성으로 나를 찾으려 하면 이 사람은 삿된 도를 행하는 것이니 여래를 볼 수 없으리라)라'하셨다.

이것으로 미루어 보건대 나타나있는 현상들은 진실하거나 바른 것이 아님을 알지니라.

그러므로 과거에 부처님들이 닦으신 공덕은 모두 다 다른 말씀이 아니라 오직 마음을 논하신 것이니라.

心是衆聖之源이요 心爲萬惡之主라
심시중성지원   심위만악지주

無上眞樂이 由自心生이요 三界輪廻가 亦從心起니라
무상진락   유자심생   삼계윤회   역종심기

心爲出世之門戶요 心是解脫之關津이니 知門戶者는
심위출세지문호   심시해탈지관진   지문호자

豈慮難成이며 識關津者는 何憂不達이리요
기려난성   식관진자   하우부달

　　마음은 부처님들의 근원이기도 하며 마음은 온갖 죄악
의 주인이기도 하느니라.

　　위없는 참된 즐거움이 자기의 마음으로 생겨나고 삼계
를 윤회하는 것도 역시 마음에서 일어나느니라.

　　마음이 세간을 벗어나는 문턱이고 마음이 해탈의 나루
터이니 출입구를 아는 사람이 어찌 이루지 못할 것을 염려
하며, 나루터를 아는 사람이 어찌 도달치 못할까 근심하겠
느냐.

妄營佛像塔廟
망 영 불 상 탑 묘

竊見今時淺識호니　唯知立相爲功하야　廣費財寶하며
절 견 금 시 천 식　　유 지 입 상 위 공　　광 비 재 보

多傷水陸하야　妄營像塔하며　虛役人功하야　積木壘泥하며
다 상 수 육　　망 영 상 탑　　허 역 인 공　　적 목 루 니

塗靑畫綵호대　傾心盡力하야　損己迷他하나니　未解慚愧라
도 청 화 채　　경 심 진 력　　손 기 미 타　　미 해 참 괴

何曾覺悟리요　見有爲則勤勤愛着하고　說無相則兀兀
하 증 각 오　　견 유 위 즉 근 근 애 착　　설 무 상 즉 올 올

如迷로다　且貪世上之小樂하야　不覺當來之大苦로다
여 미　　차 빈 세 상 지 소 락　　불 각 당 내 지 대 고

망령되이 불상이나 절을 조성하지 말아라.

　요즘 천박한 사람들을 가만히 살펴보면 오직 형상 세우는 것을 공덕으로 알고 재물을 많이 허비하며 물이나 육지의 중생을 많이 상하게 하며 망령되이 불상과 탑을 세우느라.

　헛되이 사람들을 수고스럽게 하여 나무나 진흙을 쌓아 올리고 울긋불긋 단청을 하는데 마음을 기울이고 힘을 다 하더라도 자기를 손해나게 하고 남도 미혹하게 하는 것이며 부끄러움을 모르는 것이니 어떻게 깨닫겠느냐.

　유위법을 보면 끈질기게 집착을 하는데 무상(無相)을 말해주면 멍청하여지니 바보 같구나.

　또 세상의 조그마한 즐거움을 욕심 내느라 다가오는 세상의 큰 고통을 깨닫지 못하는구나.

此之修學은 徒自疲勞라 背正歸邪어늘 誑言獲福이로다
차 지 수 학   도 자 피 로   배 정 귀 사   광 언 획 복

이렇게 닦고 배우는 것은 스스로를 피곤하게 하는 것이
며, 올바른 것을 등지고 삿된 것으로 돌아가는 것이니 복
을 얻는다는 것은 거짓말이니라.

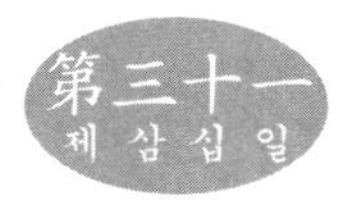

結歸觀心
결 귀 관 심

但能攝心內照하야 覺觀常明이어다 絶三毒心하야 永使
단 능 섭 심 내 조　　각 관 상 명　　절 삼 독 심　　영 사

消亡하며 閉六賊門하야 不令侵擾하면 洹沙功德과 種
소 망　　폐 육 적 문　　불 령 침 요　　원 사 공 덕　　종

種莊嚴과 無量法門을 一一成就하리라 超凡證聖이 目
종 장 엄　　무 량 법 문　　일 일 성 취　　초 범 증 성　　목

擊非遙라 悟在須臾어니 何煩皓首리요 眞門이 幽秘하니
격 비 요　오 재 수 유　　하 번 호 수　　진 문　　유 비

寧可具陳이리요 略說觀心하야 詳其少分하노라
영 가 구 진　　약 설 관 심　　상 기 소 분

마음을 관(觀)하도록 당부하노라.

　마음을 거두어 안으로 비출 수만 있다면 각관(覺觀 : 마음의 조악한 작용과 자세한 작용)이 항상 밝으리라.

　삼독의 마음을 끊어서 영원히 없어지게 하고 육적의 문을 굳게 닫아서 번뇌가 침입하여 방해하거나 어지럽히지 못하게 하면 항하의 모래 수 같은 공덕과 온갖 장엄과 한량없는 법문을 낱낱이 성취할 것이며 범부를 벗어나 성인의 지위에 오르는 것이 눈 깜짝할 사이만큼이나 가까운 것이니라. 깨달음은 잠깐 사이에 있는데 어찌하여 흰머리가 되도록 수고하리요. 진실한 법문이 깊숙이 숨겨져 있는데 어찌 말로 다 할 수 있겠느냐. 간단하게나마 마음 관(觀)하는 것으로 그 일부분을 밝히노라."

二入四行論
이 입 사 행 론

若夫入道多途나 要而言之하면 不出二種이니 一은 是
理入이요 二는 是行入이니라 理入者는 謂藉敎悟宗하야
深信含生이 同一眞性이나 但爲妄想客塵所覆하여 不能
顯了니 若也捨妄歸眞하여 凝心壁觀하면 無自無他하고
凡聖等一하며 堅住不移 更不隨於文敎니 此卽與理冥
扶하여 無有分別하고 寂然無爲할세 名之理入이요 行入
者는 所謂四行이니 其餘諸行은 悉入此行中이니라

　도(道)에 들기 위한 수행은 많지만 요점은 두 가지를 벗어나지 않느니라. 첫째는 이(理)로 들어가는 것이고, 둘째는 행(行)으로 들어가는 것이니라.

　이(理)로 들어간다는 것은 부처님의 가르침을 빌려 종지를 깨닫는 것이니라. 중생이 진여와 같음을 깊이 믿고, 덮여 있는 번뇌망상으로 분명히 알지 못하는 것이니 허망한 것을 버리고 진실한 것으로 돌아가 벽을 바라보며 마음을 고요히 하면 나와 남이 없고 범부와 성인이 같으며 한가지 일에 철저하여 마음을 움직이지 않으므로 다시는 문자나 가르침을 따를 필요가 없으니 이것이 곧 이치대로 깨달아 분별하지 않고, 마음이 고요하고 매우 맑은 무위(진여)가 되므로 이(理 : 이치)로 들어가는 것이라 하느니라.

　행(行)으로 들어가는 것에는 이른바 네 가지 행이 있는데 그 나머지 행도 모두 이 행 속에 들어가느니라.

何等이 爲四오 一者는 報怨行이요 二者는 隨緣行이요
하등 위사 일자 보원행 이자 수연행

三者는 無所求行이요 四者는 稱法行이니라
삼자 무소구행 사자 칭법행

云何第一報怨行者오 修道行人이 若受苦時에 當自
운하제일보원행자 수도행인 약수고시 당자

念言하되 我從往昔의 無數劫中에 棄本從末하고 流浪
념언 아종왕석 무수겁중 기본종말 유랑

諸有하면서 起多怨憎하며 違害無限하리니
제유 기다원증 위해무한

今雖無犯이나 是我宿殃이며 惡業果熟요 非天이며 非
금수무범 시아숙앙 악업과숙 비천 비

人의 所能見與로다하고 甘心忍受하여 都無怨訴니라
인 소능견여 감심인수 도무원소

　네 가지가 어떤 것인가 하면
첫째는 보원행이고 둘째는 수연행이며 셋째는 무소구행이
고 넷째는 칭법행이니라.
　무엇을 첫 번째 말한 보원행이라 하는가 하면 도를 수행
하는 사람은 만약 괴로움을 받으면 당연히
　'내가 옛날부터 수 없는 겁 중에 근본을 버리고 말(末,
변이)을 따르느라 모든 미혹의 경계를 유랑하면서 무수한
원한과 증오를 일으켜 잘못되게 하거나 해친 적이 한도 없
이 많으리라.
　지금은 비록 잘못을 저지르지 않았어도 이것은 숙세에
지은 죄이며 악한 행의 열매가 익은 것이지 하늘이나 다른
사람이 주는 것이 아니다'
　라고 생각하고 참고 받아들여 원망하거나 하소연하지
말아야 하는 것이니라.

經에 云하사되 逢苦不憂야니 何以故오 以識達故라하시니
경　　운　　　　봉고불우　　　　하이고　　　이식달고

此心이 生時에 與理相應하여 體怨進道라
차심　　생시　　여리상응　　　　체원진도

是故로 說言報怨行이니라
시고　　설언보원행

第二隨緣行者는 衆生이 無我라 幷緣業所轉이니 苦
제이수연행자　중생　　무아　　병연업소전　　　고

樂을 齊受나 皆從緣生이니라 若得勝報榮譽等事라도
락　　제수　개종연생　　　약득승보영예등사

是我過去宿因所感이라 今方得之나 緣盡還無하리니
시아과거숙인소감　　　금방득지　　연진환무

何喜之有리오 得失을 從緣하여 心無增減하며
하희지유　　　득실　　종연　　　심무증감

　　경에 이르기를 '괴로움을 당해도 걱정하지 말아라. 왜
냐하면 인식하는 마음으로 나타난 것이기 때문이니라' 하
셨느니라.
　　이런 마음이 생길 때에 이(理)와 모든 원(怨 : 원망, 원
한)이 상응하여 도(道)로 나아가니 보원행이라 하느니라.
　　두 번째 수연행이라는 것은, 중생은 「나」라는 것이 없이
모두 인연의 업으로 일어난 것이라 괴롭기도 하고 즐겁기
도 하지만 모두 인연을 따라 생긴다는 것이니라.
　　어쩌다 좋은 과보를 얻어 부귀영화를 누린다 하더라도
이것은 내가 과거 세상에서 지은 업의 인연으로 과보를 받
는 것이라 지금은 누릴 수 있지만 인연이 다하면 없어질
것이니 어찌 기뻐할 일이겠느냐 라고 생각하고
얻거나 잃는 것을 인연에 맡겨두고 마음으로는 더하거나
덜하는 마음을 없애어 좋거나

喜風不動하여 冥順於道니 是故로 說言隨緣行이니라
희 풍 부 동　　　　명 순 어 도　　시 고　　설 언 수 연 행

第三無所求行者는 世人이 長迷하여 處處貪着을 名之
제 삼 무 소 구 행 자　　세 인　　장 미　　처 처 탐 착　　명 지

爲求니 智者는 悟眞理하여 將俗反心하여 安心無爲하고
위 구　　지 자　　오 진 리　　장 속 반 심　　안 심 무 위

形隨運轉하며 萬有斯空하여 無所願樂이니라
형 수 운 전　　만 유 사 공　　무 소 원 락

功德과 黑闇이 常相隨逐하나니 三界久居가 猶如火宅이라
공 덕　　흑 암　　상 상 수 축　　삼 계 구 거　　유 여 화 택

有身이면 皆苦어니 誰得而安이리요 了達此處할세 故於
유 신　　개 고　　수 득 이 안　　요 달 차 처　　고 어

諸有에 息想無求니라
제 유　　식 상 무 구

궂은 바람에 움직이지 않으면 도에 고요히 따르는 것이므
로 수연행이라 하느니라.

　셋째 무소구행이라는 것은 세상사람들은 너무 미혹하여
가는 곳마다 탐착하므로「구하는 것」이라 하는데
슬기로운 사람은 진리를 깨달아 속됨과 달리하고 마음을
편안하고 아무 걸림 없이하며 형편을 따라 오고 가되,
일체 만유는 모두「공」한 것이라 원하거나 좋아하지를 않
느니라.

　공덕과 흑암(대반열반경 성행품의 공덕천과 흑암녀)은
항상 서로 쫓아다니니
삼계에 사는 것은 불타는 집 속에 있는 것과 같으므로 몸
뚱이가 있으면 모두 고통인 것을 어느 누가 편안하겠느냐?
라고 깨달아야 하느니라. 그렇게되면 만유에 대하여 구하
려는 마음을 쉬게 될 것이니라.

經에 云하사되 有求면 皆苦요 無求면 乃樂也라하시니 判
경 운 유구 개고 무구 내락야 판

知無求가 眞爲道行이니라
지무구 진위도행

第四稱法行者는 性淨之理를 目之爲法이니 此理는
제사칭법행자 성정지리 목지위법 차리

衆相이 斯空하여 無染無着하며 無此無彼니라
중상 사공 무염무착 무차무피

經에 云하사되 法無衆生하니 離衆生垢故며 法無有我하니
경 운 법무중생 이중생구고 법무유아

離我垢故라하시니 智者가 若能信解此理하면 應當稱法
이아구고 지자 약능신해차리 응당칭법

而行이니라
이행

경에도 말씀하기를

'구하는 것은 괴로움이고 구하지 않는 것은 즐거움이다' 하였으니 구하지 않는 것이 진정한 도행이 아니겠는가?

넷째 칭법행이라는 것은, 「성품은 본래 청정하다」는 이치를 「법」이라고 지목을 하는 것인데, 이 이치는 모든 상이 텅 빈 것이라 물들 것도 없고, 집착할 것도 없고, 이것도 없고, 저것도 없는 것이니라.

경에 말씀하기를

'법에는 「중생」이라는 것이 없으니 중생이라는 때가 떨어졌기 때문이고 법에는 「나」라는 것이 없으니 「나」라는 때가 낄 수 없기 때문이다'

하였으니 지혜로운 사람이 이 이치를 믿고 깨닫는다면 응당 칭법행을 할 것이니라.

法體는 無慳貪하여 於身命財에 行檀捨施하여도 心無
법체　　무간탐　　　어신명재　　행단사시　　　　심무

慳惜하며 達解三空하여 不倚不着이라 但爲去垢하여 攝
간석　　　달해삼공　　　불의불착　　　단위거구　　섭

化衆生하되 而不取相하나니 此爲自利며 復能利他며
화중생　　　이불취상　　　차위자리　부능이타

亦能莊嚴菩提之道니 檀施가 旣爾인댄 餘五도 亦然이니라
역능장엄보리지도　단시　기이　　여오　역연

爲除妄想하여 修行六度하되 而無所行하나니 是爲稱法
위제망상　　수행육도　　　이무소행　　　시위칭법

行이니라
행

　　법의 체성에는 아끼거나 욕심 내는 것이 없으므로, 이
몸이나 재물로 보시를 하더라도 아까운 마음이 없다면 삼
공(보시에 대하여, 베푸는 자와 받는 자와 보시의 내용에
대한 세 가지 상을 버려 얽매이지 않음)에 통달하여
무엇에 의지하거나 집착하지 말 것이며 오직 번뇌를 벗어
버리기 위해 중생을 섭화(攝化 : 교화)하되 상을 취하지
말 것이니 이것은 자기를 이익 되게 할뿐 아니라 남에게도
이익을 주는 것이며 능히 보리의 도를 장엄하는 것이 되느
니라.
　　「보시」가 이러할진대 나머지 다섯 가지(지계, 인욕, 정
진, 선정, 지혜)도 역시 그러하니라.
　　망상을 없애려고 육바라밀을 수행하되 행하는 바가 없
으므로 이것을 칭법행이라 하느니라.

附
錄

【ㄱ】

각(覺) - 오(悟)와 같음. 佛陀, 보리, 道, 智.

각지(覺知) - 깨달음. 완전하게 아는 것.

감심(甘心) - 마음에 생각을 계속하는 것. 마음으로 원하는 것.

객진(客塵) - 우연히 밖으로부터 온 번뇌라는 말.

견(見) - 보다. 보는 작용. 눈앞. 지견. 체험. 견해. 사상.

견성(見性) - 선가에서 견성성불이란 숙어로 쓰임.
　　　　　　본래 존재하는 자신의 본성을 보는 것, 참된 자기를 깨닫는 것.

견주불이(堅住不移) - 한가지 일에 철저하여 마음을 동요시키지 않는 것.

경계(境界) - 경지. 대상. 여러 감각기관에 의한 지각의 대상.
　　　　　　인식이 미치는 범위. 영역. 마음 가짐. 깨달은 자의 마음상태.

계(契) - 들어맞다.

계(戒) - 삼가하다. 교훈. 불교에 귀의한 자가 지켜야 할 규칙. 도덕.

계회(契會) - 딱 들어맞다. 어기지 않는 것. 契心證會의 준말.

고(苦) - 괴롭다. 번뇌, 괴로움, 생각대로 되지 않는 것. 고통.

고행(苦行) - 깨달음을 얻기위해, 또는 願을 이루기위해 괴로운 수행을 하는 것.
　　　　　　중생을 이롭게 하기 위하여 자신의 身命을 해롭게 하는 것.

공(空) - 텅빔. 모든 사물은 인연에 의해 생기는 것으로 고정적인 실체가 없다
　　　　는 것. 단순한 無. 비존재는 아니다. 존재하는 것에는 자체. 실체.
　　　　아(我) 등의 것은 없다고 생각하는 것. 내것이라는 견해가 없는 것.
　　　　덧없다. 허공.

공덕(功德) - 훌륭한 덕성. 선을 쌓아 얻을수 있는 德. 위대한 힘.

공장(工匠) - 물건을 만드는 것을 업으로 삼는 사람의 총칭.

공적(空寂) - 일체의 사물은 실체성이 없고, 空無한 것. 헛된 것.
　　　　　　공과 같음. 공공적적.

과(果) - 원인으로 말미암아 생기는 법을 말한다.
　　　　　과거의 行의 결과로 나타난 것. 업과(業果)의 약칭.

관(觀) - 마음이 고요하고 청정한 경지로 세계의 존재 그대로를 바르게 조망하

는 것. 명상. 지혜를 가지고 사물의 도리를 살피는 것.

관심(觀心) – 자신의 마음의 본성을 명확하게 관조하는 것.
　　　　　　 자기의 마음을 깨닫는 것.

교전(敎典) – 종교상의 전적. 곧 경전을 말함.

구(垢) – 더러움. 번뇌의 다른 이름.

구경(究竟) – 무상의. 궁극의. 필경의. 사물의 궁극. 궁극의 경지. 지극.
　　　　　　 철저히 규명하다. 도달하다. 이르다. 깨달음의 경지에 이르다.
　　　　　　 실현하는 것. 달성하는 것. 최후의 목적. 상대를 초월한 경지.

군생(群生) – 중생을 말함. 사람들. 많은 생물들.

권면(勸勉) – 타일러서 힘쓰게 함.

권속(眷屬) – 추종자. 따르는 자. 불·보살을 추종하는 자.
　　　　　　 자신에게 따르는 사람.

귀신(鬼神) – 선신과 악신이 있는데, 특히 피해를 주는 저급한 신을 말함.

근(根) – 기관도 있고 능력도 있다는 의미. 감각기관. 감각기능. 지각능력.
　　　　 깨달음을 구하는 마음. 소질, 능력, 천성, 근성, 정신적기능.
　　　　 최초의 원인.

근본(根本) – 뿌리.
　　　　　　 인간존재의 기초가 되어 윤회의 과정에 있어서 변하지 않는 것.

근원(根源) – 사물의 근본적 원인.

금강(金剛) – 다이아몬드. 금강석. 깨어지지 않고 아주 단단함.
　　　　　　 금강저의 준말(미혹을 깨부수는 무기) 보리심을 상징하는 금속성
　　　　　　 의 법구. 금강역사의 준말. 매우 견고한 것.

기(機) – 사물의 가장 중요한 부분. 근본적 사정. 장치. 고안. 기관. 일함. 동작.
　　　　 기용. 선기의 뜻. 추세. 시기. 계기. 기연. 근기. 제자의 능력. 소질.
　　　　 수행자의 성질. 역량. 중생의 종교적 소질.

기용(機用) – 대오철저한 선종의 종자가 이론을 뛰어넘은 기량으로써 교화를
　　　　　　 받는 사람을 선(禪)의 깊은 경지에 導入하는 기능.

〔ㄴ〕

능(能) - 할 수 있음. 공능. 작용. 능력. 역할. 주관. 재능.

〔ㄷ〕

단시(但是) - ~될뿐.

단시(檀施) - 檀捨와 동일. 시주 또는 신자로부터의 보시.

대겁(大劫) - 매우 긴 시간. 成. 住. 壞. 空의 4期를 한번 지내는 시간,
　　　　　가로, 세로, 높이가 120리 되는 성가운데 겨자를 가득히 쌓고
　　　　　장수천(長壽天)사람이 3년마다 한차례씩 와서 한알씩을 가져가서
　　　　　그 겨자가 다 없어지는 동안을 말한다.

도(道) - 깨달음의 길. 불도. 사람이 밟는 것을 말함. 큰 것을 도(道)라하고
　　　　작은 것을 로(路)라 함. 인간이 밟아가야할 길. 도리에 맞는 것.
　　　　실천의 방법. 깨달음. 수도. 말.

도(度) - 건너다의 뜻. 미혹의 차안(此岸)에서 깨달음의 피안(彼岸)으로 건너
　　　　구원하는 것. 이끔. 구원. 교화. 득도.

동(動) - 동작. 알아채는 것. 깨달음. 생각을 거기에 모으는 것. 성찰.

둔근(鈍根) - 능력이 열등한자. 利根에 對(상대)하여 말함.

등주(燈炷) - 불심지. 燈心.

〔ㅁ〕

마(魔) - 악마, 마왕, 욕계를 지배하는 第六天의 마왕. 번뇌.
　　　　도를 이루는데 방해가 되는 모든 장애.

마하살(摩訶薩) - 보살의 존칭. 위대한 뜻을 가진 사람. 훌륭한 사람.
　　　　　　　대중의 우두머리가 되는 사람. 大菩提를 구하는 사람의 통칭.

만법(萬法) - 모든 사물. 모든 존재. 모든 법. 만유일체. 현상이 되어 나타난 진리.

만행(萬行) - 모든 선한 행위. 모든 수행.

명(明) - 아는 것. 지식. 깨달음의 지혜. 깨달음. 어둠을 여읜 것.

명료(明了) - 명백한 것. 확실하게 이해하는 것. 명백하게 깨닫다.

무간지옥(無間地獄) - 괴로움을 받는 일이 끊임이 없기 때문에 무간이라 함.
　　　　　　　격렬한 괴로움이 끊이지 않는 세계

무기(無記) - 삼성(三性)중의 하나. 선도 악도 아닌 것.

무루(無漏) - 베어나오는 부정한 것이 없는 것. 번뇌가 없는 것. 더러움이 없는
　　　　　것. 번뇌가 사라진 경지. 번뇌에 물들지 않는다는 뜻.

무명(無明) - 無知. 우리들의 존재근저에 있는 근본적인 무지. 생, 노, 병, 사
　　　　　등의 모든 苦를 초래하는 원인. 어리석음. 번뇌. 진리에 어두운
것. 번뇌의 근원. 모든 사물의 이치에 어두운 마음.

무사(無事) - 벽이 없는 것. 지장이 없는 것. 실체가 없는 것.
　　　　　인간은 모두 佛性을 본래 갖추고 있는 몸으로써 쓸데없이 밖으로
　　　　　향하여 부처님을 구하려 하지 않는 것.

무상(無常) - 고정되어 있지 않는 것. 언젠가는 없어지는 것. 변해감. 헛됨.
　　　　　덧없음. 영구히 존속하는 것이 아닌 것.

무상(無相) - 사물에는 고정적, 실체적인 모습이라는 것이 없다라는 뜻.
　　　　　형태나 모습이 없는 것. 차별의 상을 떠난 것.
　　　　　일체의 집착을 떠난 경지. 얽매임을 벗어난 경계.

무소구행(無所求行) - 생각이 구속되는 것을 멀리하고 無爲의 경지에서
　　　　　　　　실천하는 것.

무수(無受) - 갖지 않는 것. 無取.

무아(無我) - '나'라고 하는 관념을 배제하는 사고방식.
　　　　　'내것'이라는 관념을 버리는 것을 가르친 것임.

무애(無礙) - 다른 것을 거부하지 않는 것. 장애를 주지 않는 것.
　　　　　장애가 없는 것. 걸림이 없는 것. 어떤 것에도 구속되지 않고
　　　　　자유자재인 것. 어떠한 것에도 구애받지 않는 것.

무작(無作) - 작용이 없는 것. 인위적으로 만들어지지 않는 것. 無爲. 바라고
　　　　　구하는 생각도 없다. 만들어낸 것이 없다. 자연인 채 있는 것.

무정(無情) - 정신작용이 없는 것. 不動之處.

물(物) - 생명. 생물. 중생. 물건. 물체. 사물.

미(迷) - 방황. 구분하지 못함. 깨달음의 반대. 惑이다. 방황하는 것.

｜ㅂ｜

백의(白衣) - 흰 의복. 세속의 사람. 在家人의 의미.

번뇌(煩惱) - 나쁜 마음의 작용. 몸과 마음을 번거롭게하고 괴롭히는 정신작
용. 눈앞의 고와 낙에 迷하여 탐. 진. 치 등에 의하여 마음에 동요
를 일으켜 몸과 마음을 뇌란하는 정신작용.

범(凡) - 어리석은. 미혹함. 세속. 범부. 범인. 성인의 반대.

범왕(梵王) - 범천(梵天)의 왕. 대범천(大梵天).

법(法) - 관례. 습관. 행위의 규범. 해야할 것. 도리. 의무. 사회제도. 선.
선한행위. 진리. 진실. 법칙. 가르침. 본질. 본성. 성질, 특성.
의(義)의 대상. 생각의 내용. 육경의 하나. 사물. 존재.

법계(法界) - 의식의 대상. 생각되는 것. 사물의 근원, 전세계. 전우주,
전우주의 존재를 법, 즉 진리의 표출이라 보고 이것을 진여의
동의어로 사용함. 진리 그 자체로서의 부처님. 法身과 같은 뜻임.

법계성(法界性) - 법계의 본성.

법성(法性) - 모든 존재. 모든 현상의 진실한 본성. 도리. 규칙. 법의 본체.
만유(萬有)의 본체를 말하고 불교의 진리를 나타내는 말의 하나
로 진여, 실상, 법계 등의 다른 이름으로서 사용된다.
사물의 본성. 완전한 본래적 성질. 법 그 자체. 진실 그 자체.

법신(法身) - 法佛, 法身佛, 自性身, 法性身. 진리 그 자체.
부처님의 三身의 하나. 영원불변의 진실의 모습 그 자체.
진리를 신체로 하고 있는 것. 본래 진실의 모습.

법유(法乳) - 스승의 가르침을 젖에 비유한 말. 모유로 아이가 성장하듯이
스승의 가르침으로 제자가 진보하므로 이렇게 부름.

법희식(法喜食) - 깨달음(법신)의 생명이 길러지는 것이므로 식(食)이라 일컬
　　　　　　어짐. 법을 배우는 것을 기뻐한다고 하는 식(食). 법의 기쁨.
　　　　　　가르침을 맛보고 기뻐하는 것.

보(報) - 인과응보와 동일. 報는 緣에 對(상대)하고 果는 因에 對하여 말하나
　　　報와 果를 구별하지 않고 報라고 하는 경우가 있음.

보리(菩提) - 智. 覺이라 한역함. 깨달음. 깨달음의 지혜. 미혹으로부터 눈뜬
　　　　것. 부처님의 정각의 지. 지혜의 작용에 의해 무명이 없어진 상
　　　　태. 지혜의 드러남. 번뇌를 끊고 얻은 열반을 말함.
　　　　깨달음의 경지. 불도.

보살(菩薩) - 覺有情. 大心衆生. 大士. 高士. 聞士 등으로 한역함.
　　　　깨달음의 성취를 바라는 사람. 깨달음을 구해 수행하는 자.
　　　　부처가 되려고 뜻을 세운자, 대승의 수행자. 위를 향해서는 보리
　　　　를 구하고 아래를 향해서는 중생을 교화하려는 사람.

보시(布施) - 주는 것. 타인에게 주는 것. 희사(남을 위하여 기쁜 마음으로
　　　　재물을 내놓음) 재물외의 친절한 행위도 보시라 함.

보원행(報怨行) - 괴로운 인생을 모두 자업자득이라 생각하여 이것을 감수하는 것.

본성(本性) - 상주불변한 절대의 진실성. 본래고유의 성질. 천성.

본심(本心) - 일상의 건전한 마음작용. 진여. 심성. 본래의 마음. 자기의 본성.

봉행(奉行) - 실행하는 것. 불교를 받들어 수행하는 것. 뜻을 받들어 행함.

불립문자(不立文字) - 진리를 문자로 표현할 수 없으며 개념으로 규정 할 수
　　　　　　있는 것이 아니다라고 하는 것. 보편적인 명제의 형태로
　　　　　　훌륭한 의견을 말하지 않는다 또는 그에 따라 행동하지
　　　　　　않는다. 법은 마음으로 마음에 전하는 것이므로 따로 언
　　　　　　어나 문자를 세워 말하지 않는데 있다고 하는 것.
　　　　　　無設無示.

빈궁곤고(貧窮困苦) - 빈곤.

《ㅅ》

사(邪) - 틀렸다. 부정. 사견과 같음.

사대(四大) - 地. 水. 火. 風을 말함. 大란 원소라는 뜻. 신체를 말함.

사대색신(四大色身) - 四大라는 물질적요소로 이루어진 육체. 인간의 신체.

사상(事相) - 작용의 모습.

삼계(三界) - 불교의 세계관으로 중생이 왕래하고 거주하는 세가지 세계의 뜻,
생사유전하는 미혹의 세계를 세단계로 나눈 것.
욕계. 색계. 무색계. 미혹한 세계. 미혹의 경계.

삼독(三毒) - 선근을 해치는 세가지 독. 3가지번뇌. 탐, 진, 치.

삼라만상(森羅萬像) - 우주사이에 존재하는 헤아릴 수 없는 일체의 것.

삼취정계(三聚淨戒) ;

①섭률의계(攝律儀戒) - 부처님이 만든 계율을 지키고 악을 방지하는 것이며 不殺戒. 훔치는 것. 음욕. 거짓말. 술을 만드는 것. 타인의 죄나 잘못을 폭로하는 것. 자신을 칭찬하고 타인을 욕하는 것. 재물이나 법을 베푸는 것을 아까워 하는 것. 화가 나서 상대가 사과해도 용서하지 않는 것. 불·법·승을 비방하는 것 등을 금지하는 10종류의 무거운 금제와 48종류의 계율을 비롯하여 모든 과오를 벗어나는 戒를 수지하는 것임.

②섭선법계(攝善法戒) - 적극적으로 모든 선을 실행하는 것.

③섭중생계(攝衆生戒) - 자비심을 바탕으로 중생을 위해 진력하는 모든 利他行.

①과 ②는 악을 파하고 선을 행하는 自利이고 ③은 利他임. 모든 戒法은 모두 이 3가지 속에 거두어지므로 섭(攝)이라하고 그 계법(戒法)은 모두 청정하므로 淨界라 함.

상(相) - 모습. 형태. 상태. 밖으로 드러나 있는 모습. 특질. 특성. 성질.

상(想) - 감수한 것을 상징하는 것. 표상. 상념. 관념. 개념. 대상의 모습을 마음이 잡는 표상작용. 오온의 하나.

상모(相貌) - 생김새. 모습. 모습형태.

색(色) - 색이란 형태가 만들어진 것이다. 形을 가지고 생성하여 변화하는 물질현상을 가리킴. 색깔. 채색. 형태를 가진 모든 물질적 존재.

시각의 대상. 물질. 오온의 하나. 육체.

색신(色身) - 물질적인 신체. 육신. 육체로서의 신체.

생멸(生滅) - 생과 사. 생기와 소멸. 때때로 인순감응하여 생성되고, 자취를 이
　　　　　　 세상에 나타내면 그것을 생이라 부르고, 자취를 끊으면 그것을
　　　　　　 멸이라하며 생을 유여, 멸을 무여라 함.

생사(生死) - 생과 사. 미혹의 세계. 태어남과 죽음이 번갈아 끊임이 없는 미혹
　　　　　　 의 세계. 윤회.

생사해(生死海) - 바다와 같이 무한히 계속되는 생사. 고해.

서원(誓願) - 마음속으로 염원하는 것. 맹세. 결의를 부처님에게 맹세하여 그
　　　　　　 성취를 기원하는 것. 일반적인 것으로 사홍서원이 있다.

서천(西天) - 중국에서 볼 때 서쪽에 있는 천축국의 의미로 인도를 말함.

선열식(禪悅食) - 법열(法悅)이라고 하는 먹을 것. 선정에 들어가면 마음이 진
　　　　　　　 정되고 쾌적이 되므로 그 상태를 음식물로 표현함.

선지식(善知識) - 좋은 친구. 자신을 잘 알아 주는 사람. 높은 덕행을 갖춘 사
　　　　　　　 람. 가르침을 설명하고 불도에 들어가게 하는 사람.
　　　　　　　 훌륭한 지도자 師家.

섭(攝) - 포함시키다. 거두다. 끌어간다. 포용하는 것. 관계함. 수양함.

성(性) - 본체. 본질. 자성. 불변하는 본성. 그것은 외부의 것의 영향에 의해 변
하지 않는다. 특성, 고유의 성질, 선천적인 것. 부처를 이룰수 있는 요소, 진여.

성상(聖像) - 佛祖의 회상(繪像), 목상(木像) 등을 말함.

성요(省要) - 성략간요(省略簡要)의 뜻. 개념적 사고로 불교를 이리저리 논하
　　　　　　 는 사려분별의 헛수고를 깨닫고, 곧바로 궁극의 진리를 지시하는 것.

소분(小分) - 다소. 미진정도. 일부분.

소유(蘇油) - 버터로부터 제조한 기름으로 식용, 또는 신체에 바르는데 사용함.

송경(誦經) - 소리내어 경문을 읽는 것. 경문을 외는 것. 독경이라고도 함.

수(受) - 마음의 감수작용. 감각. 지각. 外界가 접한 것을 받아들여서 괴로움이
　　　　　 나 즐거움을 느끼는 것. 取.

수(須) - 되어야 할~. 그렇다 해도. 어떤 해석(학설)을 채용하는 것.

수(酥) - 맑은 버터. 요구르트와 유사함.

수(脩) - 수행. 넓게는 善을 닦고 좁게는 禪定을 닦는 것.

수연행(隨緣行) - 인연에 따르는 행위.

순(順) - 애착을 느끼는 것. 적합한 것. 순서를 따르는 것. 선을 이루는 것.

습(習) - 습기, 번뇌 후 남기는 기(氣). 번뇌의 불쾌감. 자취, 원인.
　　　 실행하는 것. 마음으로 계속 바라는 것. 잘못된 습관성.

습기(習氣) - 업의 잠재적 인상. 잠재여력. 훈습. 종자와도 같음, 번뇌 그것은
　　　 사라져 버렸다고 해도 그 후에 습관성이 남아 있는 것.

승(勝) - 뛰어난 것. 우수한 점. 우세. 주로. 승리자. 여래. 참고 견디는 것.

시(施) - 베푸는 것. 베풀어진 것. 施設의 준말.

시(時) - 시간. 기회. 계절. 연속적인 시간. 상황. 때로. 시기.

시(是) - 어조사. 한번 더 고쳐 말하는 역할. 바름. 적절. 타당.

식(識) - 인식작용. 작용하는 마음. 의식. 순수의식. 마음. 기억.
　　　 안·이·비·설·신·의 의 인식작용이 색·성·향·미·촉·법의
　　　 대상을 인식하는 기능. 마음의 작용.

식견(識見) - 보고 아는 것.

신성(神性) - 마음 가짐.

신통(神通) - 훌륭한 지혜. 불가사의 하고 자재로운 위력. 아라한. 대오철저한
　　　 사람이 나타내 보이는, 어떤 것에도 사로잡히지 않는 자유스러운
　　　 능력을 말함.

실(實) - 진실한 것. 정말. 진리. 있는 그대로의 사실. 물체. 실체.

심(心) - 마음. 식. 식별작용. 의(意). 생각. 마음에 속하는 것.

심성(心性) - 불변하는 마음의 본성. 자성 청정심.
　　　 모든 인간이 태어나면서 가지고 있는 본성.

심식(心識) - 영혼. 마음. 모든 차별적인 인식.

심인(心印) - 불심인(佛心印)의 준말. 心은 진여, 진여의 깨달음. 印은 결정하
　　　 는 것. 즉 마음 내지 마음 그 자체가 되는 깨달음을 결정하고
　　　 분명히 밝히는 것.

심행처멸(心行處滅) - 진리는 깊고 심오한 것으로 사상이나 개념으로는
　　　 취해질 수 없다고 하는 것.

십선(十善) - 10악의 반대. 10가지 선한 행위.

십이부경(十二部經) - 佛典의 서술형 또는 내용으로부터 12가지로 구분한 것.
수다라, 기야, 가타, 인연, 본사, 본생, 미증유, 비유, 논의,
자설, 방광, 화가라. 부처님의 가르침을 전부 정리한 것.

십지경(十地經) - 당나라의 시라달마가 번역.「화엄경십지품」의 다른 번역.

◖ㅇ◗

아수라(阿修羅) - 불교에서는 六道의 하나. 일종의 귀신으로 수미산 밑의 큰
바다밑에 그 주거가 있다고 함.

양미순목(揚眉瞬目) - 눈썹을 올리고 눈을 깜박거리는 등 극히 보통의 일상동
작을 말함. 선승이 수행자를 인도할 때의 일거수 일투족.

양지(楊枝) - 치아를 닦는 비구 18물의 하나. 치목이라고도 함.

언어도단(言語道斷) - 도는 언어를 초월하여 있는 것. 진리의 궁극의 경지는
말(언어)이나 문자(문장)로는 나타낼 수 없을 정도로 심
오하다는 것.

업(業) - 이루는 움직임. 작용. 인간이 하는 행위. 신·구·의의 삼업으로
나눔. 몸·입·뜻에 의해 이루어지는 선악의 행위가 나중에 어떠한
결과를 초래하는 것을 말함.

업력(業力) - 업이 원인이 되어 과보를 일으키는 힘.

업보(業報) - 선악의 업인에 의해 나타나는 고락의 과보.

여시(如是) - 이와같이. 이렇게. 이러한. 있는 그대로.

연(緣) - 원인. 원인의 일반. 모든 조건. 모든 것에는 인과의 법칙이 지배하는
데 그 果를 일으키는 因을 조성하는 사정·조건, 즉 간접적인 원인을
연이라고 함. 인을 돕는 것. 반연하다.
연유, 연고, 연줄. 불법과의 관계.

연기(緣起) - A(緣)에 의해 B(起)가 일어나는 것. 무엇에 의해 일어난다는 뜻
으로 모든 현상은 무수의 원인과 조건이 서로 관계해서 성립되어

있는 것으로 독립자존이 아니고 제조건과 원인이 없어진다면
결과도 저절로 없어진다는 것.

열반(涅槃) - 번뇌의 불을 끈 상태. 불생불멸. 畢竟皆空(필경개공)의 진제(眞
諦)임. 해탈과 같은 뜻으로 풀이 되기도 하나 어떤 경우에는 해탈
로부터 열반이 얻어진다고 생각되고 있음.

열반경(涅槃經) - 부처님이 돌아가시기 직전의 마지막 설교형식을 통해서
첫째 佛身의 常住, 둘째 열반의 상락아정(常樂我淨),
셋째 일체중생의 실유불성(悉有佛性)이라는 세가지 사상을
밝히고 있다.

염식(念食) - 염이 선근을 증장시키고 지혜를 풍부하게 하는 것이 음식이 몸을
살찌우는 것과 비슷한 관계로 염식이라 함.

영각(靈覺) - 영묘하고 불가사의한 지혜.

오계(五戒) - 재가의 불교신자가 지켜야 할 5가지 훈계. 불살생, 불투도,
불사음, 불망어, 불음주.

오온(五蘊) - 물질과 정신을 5개로 분류한 것. 색·수·상·행·식.

왕석(往昔) - 옛날.

외도(外道) - 밖의 도. 도에서 벗어난 것. 불교이외의 다른 종교의 가르침.
논쟁하는 자. 이치만 따지는 사람. 이단사설의 무리. 육사외도.

요(了) - 인식하는 것. 이해하는 것. 아는것. 깨닫는 것. 견해. 드디어.

용(用) - 수용과 동일. 施者가 대중에게 갖가지 것을 베풀고, 대중이 이것을 받
아 소비하는 것을 말함. 즐기다. 향수하는 것. 활용, 작용, 활동. 몸에
지니는 공능(功能). 실행. 열중하는 것. 학인의 소질, 역량에 맞게
나타내는 스승의 기용(機用).

용공(用功) - 공용에 있는 것. 공과를 올리는 것.

원래(元來) - 원래. 처음부터.

원만(圓滿) - 충족시킴. 완성하는 것. 지혜를 완성하여 갖춤. 자격을 갖춤.
완전한. 모조리 구비되어 있음.

원명(圓明) - 훌륭하고 완전한 것.

원성(圓成) - 완성시키는 것. 원만성취의 뜻.

원식(願食) - 聖道를 행하는 사람은 願에 의해 자기가 몸을 유지하고 여러 가
　　　　　　　지 수행을 해서 선근을 기르는 것이 음식인 것에서 이렇게 말함.

위(爲) - ~이 된다. 수동을 나타낸다. ~에 대해. 때문.

위(位) - 정도, 상태, 位住와 같음. 계급, 신분, 차례, 지위.

유(有) - 無, 空의 반대 말. 있음, 없는 것을 있다고 간주하는 것. 소유, 가진것.
　　　　생존. 가진다. 있다.

유(猶) - ~조차도. 역시 ~와 같은, 여전히. 상황의 계속을 나타냄.

유루(有漏) - 루는 흘러나오는 것. 새는 것의 뜻으로 六根으로부터 새어 나온
　　　　　　다고 설명되며, 번뇌의 다른 이름.

유약(喩若) - 또한. 그러고도.

유위(有爲) - 인연에 의해 만들어진 생멸변화 하는 것. 덧없이 변천하는 것.
　　　　　　번뇌, 인과관계에 있어서 생멸하는 여러 현상의 모습.

유위법(有爲法) - 형성된 것의 존재형태. 인연에 의해 생멸하는 현상계의 일체
　　　　　　　의 사물. 작용이 있는 것.

유정(有情) - 생명을 가지고 존재하는 것. 감정이나 의식을 가진 것. 생존주체.
　　　　　　사람들. 불성이 있는 자.

육근(六根) - 여섯 가지 감각기관, 인식능력. 안 · 이 · 비 · 설 · 신 · 의가 그 대
　　　　　　상에 대하여 감각, 인식작용을 하는 경우,
　　　　　　그 의지처가 되는 작용을 하는 것.
　　　　　　例 : 시각기관 (시신경)과 그에 의한 시각능력(眼根), 청각(聽根),
　　　　　　후각, 미각, 촉각기관(능력)의 五根과 사유기관(思惟機官)과
　　　　　　그 능력(意根)을 합하여 六根이 됨.

육도(六道) - 중생이 업에 의해 생사를 반복하는 여섯 가지 세계. 六趣와 동일.
　　　　　　지옥, 아귀, 축생, 수라, 인간, 천상.

육도(六度) - 피안에 이르는 여섯 가지 뛰어난 수행. 육바라밀. 보시, 지계,
　　　　　　인욕, 정진, 선정, 지혜.

육바라밀(六波羅密) - 보살이 열반에 이르기 위해 실천해야 할 여섯가지 덕목.

육시(六時) - 주야육시(晝夜六時)라고도 함. 주야 12시를 낮 3시와, 밤 3시
　　　　　　6시로 하는 것이다. 육시에 근행(勤行)하는 습관이 있었음.

육적(六賊) - 번뇌를 생기게 한 근원이 되는 눈·귀·코·혀·몸·뜻의 육근을
도적으로 비유한 말.

육정(六情) - 육근과 동일. 희(喜)·노(怒)·애(哀)·락(樂)·애(愛)·오(惡)
의 여섯 가지 감정을 가리킴.

육취(六趣) - 육도(六道)와 동일. 지옥, 아귀, 축생, 수라, 인간, 천상.

윤회(輪廻) - 유전(流轉)이라고도 함. 중생이 미혹한 세상에 다시 태어나고
다시 죽어서 차바퀴를 둘러싸듯이 멈추지 않는 것.

은애(恩愛) - 좋은 것. 바람직한 것. 애, 애집, 망집, 집착, 부모자식, 부부 등의
유친사이에 있어서 애정.

음욕(婬欲) - 음란한 행위를 하려고 하는 욕망. 삼독중 탐애의 대표적인 것.

응기접물(應機接物) - 상대에 맞게 옳은 대응방법을 쓰는 것. 기물(機物)은
중생이나 수행자를 가리키며, 응접(應接)은 상대에 맞추
어 지도하는 것을 말함.

의(意) - 사량(思量). 마음. 생각. 생각하는 마음의 움직임. 의식. 사고기관.
心. 識과 같음.

의(義) - 사정. 대상. 물건. 사물. 자체. 실체. 의미. 문장이나 산문이 나타내는
의의. (경전의)취지. 말. 의미. 이유. 내력. 도리.

이(理) - 조리. 누구나 승인해야 할 사항. 사실을 사실답게 하는 이유. 이론.
진리. 근본도리. 이념적, 보편적인 것. 사물에 대한 도리.

이체(理體) - 만유의 본체.

인(因) - 원인이 되는 것. 결과를 만드는 것. 쌀이 생기는 종자가 인(因)인 것에
대하여 땅이나 물은 연(緣)이다.

인과(因果) - 원인과 결과. 선악의 행위에는 반드시 그 과보가 있다는 도리.
원인이 있으면 반드시 결과가 있고 결과가 있으면 반드시 원인이
있다고 하는 것이 인과의 이치.

인욕(忍辱) - 참고 견디는 것. 인내. 끝까지 계속 노력함. 고난을 견딤.

인중(因中) - 수행하고 있는 사이.

일륜(日輪) - 태양. 경론의 명증(明證).

〖 ㅈ 〗

자마금(紫磨金) – 자색을 띤 금으로 황금중의 최고임.

자비(慈悲) – 불, 보살이 중생을 측은히 여기고 동정하는 마음.
　　　　　중생에게 기쁨을 주는 慈와 괴로움을 없애는 悲를 말함.
　　　　　만인에 대한 사랑. 측은과 동정.

자성(自性) – 사물 그 자체의 본성. 진실불변한 본성. 본체. 진성(眞性).
　　　　　우리들이 본래 갖추고 있는 진실한 성(性). 진여법성.
　　　　　모든 사람이 태어나면서 가지고 있는 불성. 자기의 본성.

자재(自在) – 자기가 원하는 대로 인 것. 자유자재로 어떠한 것이라도 할 수 있
　　　　　는 것. 자유롭다.

작(作) – 일. 작용. 만들어진 것. 요건에 맞추어진 것. 행위. 활동.

장(將) – 가진다. 휴대함. 미래를 나타내는 어조사, ～으로, ～으로서.

장명등(長明燈) – 밤낮으로 항상 밝히는 등불.

장시(長時) – 끊임없이 끊어지지 않다. 항상. 오랜시간.

재(齋) – 삼가하다는 뜻이다. 일정한 날에 계율을 지키는 것. 신·구·의 삼업
　　　　을 삼가하여 몸을 깨끗이 하는 것. 정오의 식사. 정오 이전에 분량을
　　　　지나치지 않을 만큼의 식사를 하는 것. 정오 이후의 비시(非時)에는
　　　　식사를 하지 않는 것이 계율로 정해지고 지금도 남방불교의 비구는
　　　　엄수하고 있음. 후에 변하여 육식하지 않은 것으로 되고
　　　　또 불사(佛事) 때의 식사를 말하는 것으로 되었음.

적조(寂照) – 진리의 본체를 寂이라고 하며 참된 지혜의 작용을 照라고 함.
　　　　　寂은 境이고 如이다. 照는 智이며 心이다.

전도(顚倒) – 바른 견해, 본연의 상태의 반대. 진리에 어긋나는 것.
　　　　　거꾸로 된 생각. 그릇된 생각. 그릇된 얽매임. 마음이 갈피를 못잡
　　　　　는 것. 옳은 마음이 아니다.

전(轉) – 일어나다. 일을 함. 활동함. 전개함. ～있음. 존재함. 일으키다.
　　　　회전시키다. 활동하게함. ～로 되다. 돌다.

전타라(旃陀羅) – 전다라. 포악. 도자. 살자(殺者) 등으로 한역. 인도 사성(四

性)외의 천민. 수렵. 도살. 형참 등을 업으로 함. 인간으로는 취급되지
        않고 개와 돼지와 같은 종류로 간주되었음.

정(淨) – 깨끗한 것. 더러움이 없는 것. 망상이 일어나지 않는 것.

정욕(情欲) – 정애(情愛)의 욕(欲). 여러 종류의 욕망.

정진(精進) – 부지런히 힘씀. 악을 끊고 선을 닦도록 노력하는 마음의 작용.
        심신을 깨끗이 하는 것.

제유(諸有) – 모든 것 전부. 이곳 저곳의 모든 중생.

조두(澡豆) – 팥 따위를 갈아서 만든 가루비누.

조유(調柔) – 유연하고 적응능력이 있는 것. 어떤 일을 이루기에 적합하여
        있는 것. 유연성.

종(終) – 끝. 마침내. 드디어. 사후에 존재하지 않는 것.

종(縱) – 비록 ~라도. 수트라. 경(經).

종일(縱逸) – 함부로. 멋대로.

증(證) – 깨닫는 것. 깨달음. 분명히 함. 스스로 분명히 알아 의심이 없는 것.
        결과를 증명함. 마음으로 터득하는 것임.

지(至) – 최상급을 나타낸다. 매우, 극히라는 뜻. 도달함. 다다르다.

지(智) – 이해. 지식. 깨달음. 완전히 아는 것. 지혜. 직관적 지식.

지(知) – 아는 것. 잘 아는 것. 사물을 확인 판단하는 것. 본성을 인식하는 것.

지도(至道) – 진리에 도달하는 길. 가장 심오한 가르침.

지혜(智慧) – 사물의 실상을 비추어 미혹을 밝혀 깨달음을 완성하는 작용.
        현명함.

진(瞋) – 분노. 노여움. 미워하는 것. 증오. 삼독의 하나.

진(眞) – 있는 그대로. 깨달음. 진리. 궁극의 입장. 진여.

진여(眞如) – 우리의 사상개념으로 미칠 수 없는 진실한 경계. 거짓이 아닌
        진실이라는 뜻과 변천하지 않는 여상(如常)하다는 뜻으로 진여라
        한다. 그와 같이 있는 것. 그대로의 모습. 있는 그대로 인 것.
        법성(法性)과 같은 뜻.

질(質) – 사물 그 자체. 본질. 모양. 꾸밈없이 순수한 것.

질애(質碍) – 質礙. 하나의 물건이 다른 물건을 방해하는 것.

【 ㅊ 】

찬영(讚詠) - 칭송하는 것.

천경만론(千經萬論) - 매우 많은 경론. 송판(宋版)에서는 경·율·론 3장을 합쳐 5918권 이었다고 함.

천제(闡提) - 일천제의 준말. 아무리 수행해도 도저히 깨달을 수 없는 자. 착한 근본을 끊은 사람. 진리의 존재 그 자체를 부정하는 허무주의자.

체(體) - 신체. 그 사물 자체. 작용의 반대. 본체. 근본의 사물 본질. 체험하는 것. 근본의 취지.

촉욕(觸欲) - 남성과 여성의 피부. 우아한 의복 등에 접촉하고 싶은 욕망.

취(趣) - 내세로 향하는 것. 중생이 번뇌에 의해 업을 만들어 그 혹업(惑業)에 이끌려 사는 곳. 도(道)라고도 함.

치(癡) - 愚迷(우미). 사물의 도리를 모르는 것. 어리석은 마음의 어두움. 미혹, 무명(無名). 어리석음.

침단(沈檀) - 침향과 전단향을 말함.

침요(侵擾) - 침범하여 방해하고 어지럽힌다.

칭법행(稱法行) - 법성의 체(體)에 맞는 행법. 공의 진리 그 자체에 입각한 행동. 상대를 예상하지 않은 입장.

【 ㅌ 】

탐(貪) - 탐욕. 욕심. 탐애. 탐내고 집착하는 것. 격렬한 욕망.

파순(波旬) - 나쁜 사람의 뜻. 악마의 호칭. 마왕.

품류(品類) - 종류.

〔ㅎ〕

학(學) - 소위 학문이 아니라 실천수행을 말함. 아직 배우고 닦아야 할 경지. 도인, 사문, 수행승, 수행자, 즉 아라한 이전의 일체의 성자에게 붙여진 이름.

함생(含生) - 중생과 동일.

항하사(恒河沙) - 갠지스강에 있는 모래와 같이 많다는 뜻. 무수한 것에 비유하여 말함.

해(解) - 해탈. 깨닫는다. 득도. 이해. 지식적으로 이해하는 것. 해석. 생각. 신해(信解)와 같음. 깨달음.

해탈(解脫) - 벗어나는 것. 풀려나다. 생·노·병·사에 해방되다. 고통에서 벗어나(속박으로 부터)해방되는 것. 번뇌나 속박을 떠나 정신이 자유로와지는 것. 평온한 경지. 번뇌의 결박을 풀고 미혹의 세계를 벗어나는 것. 열반의 다른 이름. 생사를 떠나는 것.

해탈식(解脫食) - 해탈을 음식에 비유한 것. 불도를 수행하여 번뇌를 끊으면 생사의 고통을 받지 않고, 선근을 길러서 수행인의 혜명(慧命)을 도우며 이익케 함이 마치 식물이 몸과 목숨을 지탱함과 같으므로 이렇게 말함.

행(行) - 행하는 것. 근행. 수행의 준말. 보살행. 행위. 업과 같음. 생각나는 일들을 잘 사유 관찰하는 것.

행주좌와(行住坐臥) - 걷고, 머무르고, 앉고, 눕다. 인간의 행동 전체를 말함. 일상행동, 언제, 어떠할 때라도의 의미.

허(許) - 진실이라 인정함. 승인하는 것.

현수(懸殊) - 동떨어짐. 현격하게 차이가 있음.

현전(現前) - 나타남. 일어남. 눈 앞에 나타나고 있는 것. 눈 앞에서 즉시 있는 그대로 나타내는 것.

형상(形相) - 자세. 형태.

혼(昏) - 어두운 것. 마음이 어둡고 둔한 것.

혼매(昏昧) - 수면에 빠지는 것. 어둡고 어리석어서 사리를 잘 모름.

회(會) - 합한다. 귀착시킨다. 모임. 중회(衆會). 도량. 선승이 선원에 살다가
　　　나갈때 까지를 하나의 회(會)라고 한다. 사물의 도리를 이해하는 것.
　　　깨닫는 것.

훈륙(薰陸) - 송진과 비슷한 수지로 황색을 띠고 불속에 넣으면 좋은 향기가
　　　나기 때문에 소향(燒香)이라 하여 귀하게 여김.

흑암지옥(黑暗地獄) - 어두침침한 지옥.
　　　　　부모나 스승의 물건을 훔친 자를 심문하고 처벌함.

희유(希有) - 이상한. 불가사의 한. 놀라운. 드문. 비길 데 없음.

희풍(喜風) - 환희의 마음을 바람에 비유한 것.
　　　마음을 심란하게 하고 동요하게 하는 것.

146

無一 우학 스님

대한불교 조계종 영축총림 통도사에 출가하여 성파 대화상을 은사로 득도하였다. 대학에서 선학(禪學)을 전공하였으며 선방, 토굴, 강원, 무문관에서 참선 등 정통 수행을 체계적으로 닦아왔다. 성우 대율사로부터 비니(毘尼) 정맥을 이었다. 오래전부터 간화선을 한 단계 발전시킨 선관쌍수로써 후학들을 지도하고 있다.
현재는 학교법인 이사장 등 모든 공식 직함을 내려놓고 무문관 3년(음력 2014.4.15~2016.1.15) 수행 정진 중이다.

대표저서

저거는 맨날 고기묵고1~2, 금강경 핵심강의, 새로운 불교공부, 길손여행, 완벽한 참선법, 최상의 기도법, 학습 초발심자경문, 티베트 체험과 달라이라마 친견, 우학스님의 빛깔있는 법문, 불교혁신론 & 포교론, 부처되는 공부, 우학스님의 명상 북다이어리 참 좋은 인연, Soundless Whisper ; Now or Never Forever, 우학스님의 행복 메시지 ; 참 좋은 생각, 좋은 세상 나소서, 하루 한가지 마음공부법, 감사하고 사랑하며, 불교명언명구, 공감, 참 좋은 세상, 내 인생 최고의 만남 붓다, 신심명강설-지혜로운삶(전2권), 무문관강설 등 200여 권의 저서가 있다.

달마대사어록

초판	2000년 2월 16일
재판4쇄	2014년 2월 5일

편저	無一 우학 스님
편찬도움	법안 김갑수
교정도움	승연심 혜림지

펴낸곳	도서출판 좋은인연 book.tvbuddha.org
	편집/ 김현미 손영희 모상미 김규미
	등록/ 제4-88호
	주소/ 대구 남구 봉덕3동 1301-20
	전화/ 053.475.3706 ~ 7

ISBN	978-89-86829-45-7(03220)
가격	10,000원

잘못된 도서는 구입처에서 교환해드립니다.

우리절 한국불교대학 大관음사

다음카페 불교인드라망/ 홈페이지 한국불교대학
참좋은 평생교육원/ NGO B.U.D
참좋은 요양병원/ 노인전문요양원 무량수전